Guida di conversazione

意 大 利 語 會 話

Guida di conversazione

Italiano • Cantonese • Mandarino

意大利語會話

意大利語 • 廣東話 • 普通話

David SANTANDREU CALONGE • Fabrizio MENNELLA

香 港 城 市 大 學 出 版 社

City University of Hong Kong Press

國際統一書號：978-962-937-169-2

出版

香港城市大學出版社
香港九龍達之路
香港城市大學
網址：www.cityu.edu.hk/upress
電郵：upress@cityu.edu.hk

錄音：Fabrizo Mennella、張欣、李燕玲

Guida di conversazione
Italiano • Cantonese • Mandarino
(in traditional Chinese characters)

ISBN: 978-962-937-169-2

Published by

City University of Hong Kong Press
Tat Chee Avenue
Kowloon, Hong Kong
Website: www.cityu.edu.hk/upress
E-mail: upress@cityu.edu.hk

Printed in Hong Kong

目錄

鳴謝 ix

序言 xi

字母及發音表 xiii

單元 (聲音檔案) 頁碼

1. Conversazione generale 日常用語 .... (Ch01_01) 001

2. All'aeroporto 機場 .... (Ch02_01) 007
   - Bagaglio 行李 .... (Ch02_02) 008
   - Dogana 海關 .... (Ch02_03) 010

3. All'hotel 酒店 .... (Ch03_01) 013
   - Problemi 困難 / 問題 .... (Ch03_02) 016
   - Formalità 辦理手續 .... (Ch03_03) 017
   - Durante la permanenza 入住期間 .... (Ch03_04) 018
   - Lasciando l'hotel 離開酒店 .... (Ch03_05) 020

4. Colazione 早餐 .... (Ch04_01) 023
   - Colazione cinese 中式早餐 .... (Ch04_02) 025
   - Colazione giapponese 日式早餐 .... (Ch04_03) 026
   - Colazione continentale 歐式早餐 .... (Ch04_04) 027

5. Al ristorante 餐廳 .... (Ch05_01) 031
   - Lamentele 投訴 .... (Ch05_02) 035
   - Pagare 畀錢 / 付款 .... (Ch05_03) 037
   - Fast Food 快餐 .... (Ch05_04) 037

6. Negozi e servizi 店舖及服務
   - Acquisti 購物 .... (Ch06_01) 043

Assistenza al cliente 客戶服務 .... (Ch06_02) 044
Biancheria intima 內衣 .... (Ch06_03) 046
Apparecchi elettronici 電子產品 .... (Ch06_04) 048
Pagamenti 畀錢 / 付款 .... (Ch06_05) 050
Al supermercato 喺超級市場 .... (Ch06_06) 052
Lavanderia 洗衣店 .... (Ch06_07) 054
Dal barbiere 髮型屋/理髮店 .... (Ch06_08) 056
Al salone di bellezza 美容院 .... (Ch06_09) 057

7. Trucchi/creme 化粧品/護膚品
Per gli occhi 眼部 .... (Ch07_01) 067
Per le guance 面部 .... (Ch07_02) 067
Per le labbra 唇 .... (Ch07_03) 067
Per le ciglia 眉毛 .... (Ch07_04) 067
Per le unghie 指甲 .... (Ch07_05) 068
Cosmetici per uomo/donna 男/女護膚用品 .... (Ch07_06) 068

8. Trasporti 交通
Taxi 的士 / 出租車 .... (Ch08_01) 071
Autobus 巴士 / 公車 .... (Ch08_02) 073
Affitto macchine 租車 .... (Ch08_03) 076
Metropolitana 地鐵 .... (Ch08_04) 078
Nave 船 .... (Ch08_05) 079
Aereo 飛機 .... (Ch08_06) 080
Treno 鐵路 .... (Ch08_07) 081

9. Visite 觀光 .... (Ch09_01) 085
Chiese e luoghi di culto 教堂與祈禱聖地 .... (Ch09_02) 093

10. Per chiamare l’ambasciata o il consolato 聯絡大使館或領事館 (Ch10_01) 099

11. Tempo libero 娛樂

Cinema o teatro 戲院或劇院 / 電影院或劇院 ..... (Ch11_01) 103

Discoteca 的士高 / 迪斯科 ..... (Ch11_02) 104

12. Incontri 社交 ..... (Ch12_01) 107

13. Ufficio postale 郵局 ..... (Ch13_01) 113

Telefono, fax, email 電話、傳真、電子郵件 ..... (Ch13_02) 114

14. Indicazioni 指示 ..... (Ch14_01) 119

15. Dal medico 醫療服務

In farmacia 藥房 ..... (Ch15_01) 121

Dal medico 睇醫生 / 看醫生 ..... (Ch15_02) 122

Il corpo umano 身體部位 ..... (Ch15_03) 124

Malattie/dolori 疾病 / 痛症 ..... (Ch15_04) 127

Ferite 受傷 ..... (Ch15_05) 132

Ricette 開藥 ..... (Ch15_06) 134

Dal dentista 睇牙醫 / 看牙醫 ..... (Ch15_07) 134

16. Ospedali, pronto soccorso 醫院同緊急事故/醫院和緊急事故 (Ch16_01) 137

SARS/aviaria/suina 非典型肺炎 / 禽流感 / 人類甲型流感 ..... (Ch16_02) 142

17. Furti 搶劫 ..... (Ch17_01) 145

18. Sport 運動 ..... (Ch18_01) 151

19. Studi 番學/上學 ..... (Ch19_01) 155

La biblioteca universitaria 大學圖書館 ..... (Ch19_02) 156

Lavoro ed esami 功課同考試 / 功課和考試 ..... (Ch19_03) 157

Mangiare in mensa o a casa
喺飯堂或屋企食飯 / 在飯堂或家裏吃飯 ..... (Ch19_04) 157

In aula 上堂 / 上課 .... (Ch19_05) 158
In ufficio 辦公室 .... (Ch19_06) 159

20. Glossario di riferimento 參考資料

Numeri 數字 .... (Ch20_01) 161
Settimana 星期 .... (Ch20_02) 164
Mesi 月份 .... (Ch20_03) 165
Ora 時間 .... (Ch20_04) 166
Stagioni e tempo 季節和天氣 .... (Ch20_05) 170
Colori 顏色 .... (Ch20_06) 171

Ringraziamenti 鳴 謝

Un primo libro è sempre una grande emozione. L'idea nasce, matura con lo svolgimento del lavoro e alla fine raggiunge la maturità con la conclusione dell'opera. A volte si ha la sensazione che il progetto non possa essere completato, per i parecchi argomenti da trattare e i numerosi cambiamenti da introdurre.

La sfida è stata quella di scrivere un libro in tre lingue, due delle quali asiatiche, che ha presentato delle difficoltà che si possono abbastanza facilmente immaginare: scelta delle frasi e dei dialoghi idonei, la traduzione delle espressioni orali di uso corrente nella comunicazione, adattandole a un contesto, la distribuzione del lavoro ai collaboratori ecc.

Desideriamo quindi ringraziare calorosamente Chan Ki Wa Clara (陳琪樺) per tutto il tempo impiegato nella traduzione dei testi e in tutta la pubblicazione. Clara ha spesso lavorato senza sosta fino a notte inoltrata verificando e correggendo i testi per ottenere un prodotto finale più elegante, presentabile, e di facile utilizzo. Vorremmo anche ringraziare Chris Chan (CityU Press) per la supervisione della versione finale di questa guida, nonché per l'entusiasmo e la gentilezza con cui ha portato a termine questo lavoro.

Un ulteriore ringraziamento va alle tre «voci» del CD/MP3 che serve come compendio a questa guida: Melody Cheung (張欣) (mandarino), Betsy Li (李燕玲) (cantonese) e Fabrizio Mennella (italiano).

In ultima istanza, vorremmo ringraziare tutti i nostri studenti, colleghi e amici, presenti e passati, per avere inspirato in noi l'interesse per le diverse lingue e culture straniere, nonché una gran passione per insegnare la nostra lingua e cultura.

Dedicato a mamma e papà.

Fabrizio Mennella 文博理

As with every project I have undertaken, this book could emerge only because of the unflinching and unwavering inspiration and support of my family and my lifelong mentor Professor Roger Billion.

David Santandreu Calonge 桑戴維

Hong Kong, 2009 香港

Introduzione 序 言

L'obiettivo principale di questa "Guida di conversazione: Italiano - Cantonese - Mandarino" è di fornire al turista, agli uomini e alle donne d'affari nonché agli studenti delle suddette lingue, gli strumenti necessari per poter comunicare nel modo più naturale possibile in situazioni quotidiane.

Una presentazione chiara, in formato a tre colonne, delle frasi e delle espressioni più utili, nei contesti sociali e professionali quotidiani, facilita l'accesso rapido ed efficace alle espressioni. È inclusa inoltre un'ampia introduzione culturale, turistica e pratica, in relazione alle situazioni e ai dialoghi contenuti nella guida.

Le registrazioni su CD delle frasi di dialoghi permettono all'utente di ascoltare e praticare la pronuncia, il ritmo e l'intonazione. Questa guida può essere utilizzata come riferimento, grazie al suo lessico trilingue, e allo stesso tempo come complemento a qualsiasi metodo d'apprendimento o come manuale per uso in aula. Con certezza diventerà il vostro ideale compagno di viaggio, in Italia, in Cina o a Hong Kong.

Alfabeto italiano e guida alla pronuncia 字母及發音表

字母表

意大利語共有21個字母，另有5個只用在外來借詞的字母（j、k、w、x、y）

字母 Letters	名稱 Names of the Letters	國際音標 IPA
A, a	a	/a/
B, b	bi	/b/
C, c	ci	/k/ 或 /tʃ/
D, d	di	/d/
E, e	e	/e/ 或 /ɛ/
F, f	effe	/f/
G, g	gi	/g/ 或 /dʒ/
H, h	acca	
I, i	i	/i/ 或 /j/
L, l	elle	/l/
M, m	emme	/m/
N, n	enne	/n/
O, o	o	/o/ 或 /ɔ/
P, p	pi	/p/
Q, q	cu	/k/
R, r	erre	/r/
S, s	esse	/s/ 或 /z/
T, t	ti	/t/
U, u	u	/u/ 或 /w/
V, v	vi 或 vu	/v/
Z, z	zeta	/ts/ 或 /dz/

意大利語的輔音國際音標

音標	字例	音標	字例
/b/	**b**anca, ci**b**o, al**b**a	/bb/	ba**bb**o, fa**bb**ro
/d/	**d**unque, i**d**ra, cal**d**o	/dd/	ca**dd**e, a**dd**irittura
/dz/	**z**ulù, **z**elare, Cavarzere	/ddz/	me**zz**o, ro**zz**o, a**z**oto
/dʒ/	**gi**ungla, fin**ge**re, pa**gi**na	/ddʒ/	ma**ggi**o, o**gg**i, pe**ggi**o
/f/	**f**atto, A**f**rica, **f**os**f**oro	/ff/	e**ff**etto, e**ff**luire, ba**ff**o
/g/	**g**atto, a**g**ro, **gh**etto	/gg/	se**gg**o, a**gg**redire, a**gg**uato
/j/	sco**i**attolo, propr**i**o, ins**i**eme		
/k/	**c**avolo, a**c**uto, an**ch**e	/kk/	pe**cc**ato, pi**cch**iare, pi**cc**olo
/kw/	**qu**esto, a**qu**ila, **qu**indi	/kkw/	a**cq**ua, ta**cq**ue, so**qqu**adro
/l/	pa**l**a, **l**ato, vo**l**a	/ll/	pa**ll**a, mo**ll**e, mi**ll**e
/ʎ/	**gli**, **gli**elo, far**gli**	/ʎʎ/	pa**gli**a, lu**gli**o, fami**gli**a
/m/	**m**ano, a**m**are, ca**m**po	/mm/	ma**mm**a, a**mm**ogliare, E**mm**a
/n/	**n**a**n**o, pu**n**to, pe**n**sare, a**n**fibio	/nn/	no**nn**a, a**nn**o, ca**nn**a
/ŋ/	fa**n**go, u**n**ghia, pa**n**china		
/ɲ/	**gn**omo, **gn**occo	/ɲɲ/	ba**gn**o, ci**gn**o, ca**gn**olino
/p/	**p**iano, am**p**io, **p**ro**p**rio	/pp/	pa**pp**a, a**pp**ena, zu**pp**a
/r/	**R**oma, quatt**r**o, mo**r**te	/rr/	bu**rr**o, ca**rr**o, te**rr**a
/s/	**s**ano, cen**s**imento, **s**catola, pre**s**entire, ca**s**a	/ss/	po**ss**o, a**ss**a**ss**ino, pe**ss**imo
/ʃ/	**sc**ena, **sc**immia, **sc**iame	/ʃʃ/	ca**sc**ina, a**sc**ia, gu**sc**io
/t/	mi**t**o, **t**ranne, al**t**o	/tt/	fa**tt**o, a**tt**raverso
/ts/	**z**io, can**z**one, mar**z**o	/tts/	pi**zz**a, ma**zz**o, pa**zz**ia, a**z**ione
/tʃ/	**c**inque, **c**iao, fa**c**evo	/ttʃ/	ca**cc**iare, a**cc**eso, a**cc**iaio
/v/	**v**ado, **v**olto, po**v**ero	/vv/	a**vv**ocato, so**vv**enire, e**vv**iva
/z/	a**s**ma, **s**bavare, pre**s**entare, u**s**o		

意大利語的元音國際音標

音標	字例
/a/	**a**lto, p**a**dre, sar**à**
/e/	**e**dicola, p**e**ra, perch**é**
/ɛ/	**e**lica, m**e**mbro, cio**è**
/i/	**i**mposta, pr**i**ma, colibr**ì**
/o/	**o**mbra, c**o**me, poss**o**
/ɔ/	**o**tto, p**o**sso, sar**ò**
/u/	**u**ltimo, p**u**rezza, caucci**ù**

意大利語的雙元音國際音標

音標	字例
/ai/	avr**ai**, Giam**ai**ca
/ei/	d**ei**, qu**ei**
/ɛi/	andr**ei**, s**ei**
/oi/	n**oi**, v**oi**voda
/ɔi/	su**oi**, p**oi**
/au/	p**au**sa, r**au**co, f**au**cale
/eu/	**Eu**ropa, f**eu**dale
/ɛu/	ermen**eu**tico, r**eu**ma
/ja/	p**ia**no, ch**ia**rore
/je/	ch**ie**rico, pens**ie**roso
/jɛ/	**ie**ri, s**ie**pe
/jo/	f**io**re, secch**io**
/jɔ/	p**io**ggia, **io**nico
/ju/	p**iù**, **iu**cca
/wa/	g**ua**do, q**ua**ndo, g**ua**rire
/we/	q**ue**llo, q**ue**stione
/wɛ/	g**ue**rra, q**ue**stua
/wi/	q**ui**, ping**ui**no
/wo/	liq**uo**re, v**uo**tare, q**uo**tidiano
/wɔ/	v**uo**to, s**uo**cero

意大利語音素簡易記法

a	與<father>的<a>相似，不過在意大利語不用發長音
b	與英語相同
c	在a、o、u前讀法與英語的<k>相同，不過多為不送氣音，在e、i前則讀作<church>的<ch>
ch	在e、i前讀法如英語的<k>。
d	與英語的<d>有少許不同，發音時需先以舌尖抵着上齶齒背
e	與<pen>的<e>相似
f	與英語相同
g	在a、o、u前與<go>的<g>相同，在e、i前則與<gem>的<g>相同
gh	在e、i前與<go>的<g>相同
gi	在a、o、u前與<gem>的<g>相同
gli	與<million>的<ll>相近
gn	與<canyon>的<ny>相近
h	如<honour>和<hour>的<h>一樣不發音
l	發音與英語相似，發音時要將舌頭推前一點
m	與英語相同
n	與英語相同
o	與<cost>的<o>相近
p	發音與英語大致相同，不過多為不送氣音，如<spot>的<p>
qu	與英語相同
r	發顫音，以舌尖抵向齒齦快速顫動而成
s	在f、p、q、s、t前讀音與英語一樣，在b、d、g、l、m、n、r、v前則讀作<rose>的<s>
sc	在a、o、u前讀<skate>的<sk>，在e、i前讀<shoe>的<sh>
sch	在e、i讀<skate>的<sk>

t	發音與英語大致相同，不過多為不送氣音，如<star>的<t>，發音時需先以舌尖抵着上齶齒背
u	與<rude>的<u>相似 ，不過在意大利語不用發長音
v	與英語相同
z	有兩種讀法，第一個與<cats>的<ts>相近，第二個與<beds>的<ds>相近

< > 內的為英文字母或字詞

意大利語會話

Guida di conversazione

Italiano • Cantonese • Mandarino • 意大利語 • 廣東話 • 普通話

David SANTANDREU CALONGE • Fabrizio MENNELLA

1 Conversazione generale 日常用語

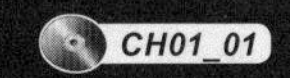

Italiano	廣東話	普通話
Ciao	你好	你 好 nǐ hǎo
Buongiorno	早晨 / 你好	早 安 zǎo ān
Buonasera	你好 （夜晚講）	你 好 (在夜間說) nǐ hǎo
Come sta? / Come stai?	點呀 / 近排點呀？	你 近 來 怎 麼 樣？ nǐ jìn lái zěn me yàng
Bene, grazie	好，多謝	好 的， 謝 謝 hǎo de xiè xie
E Lei?	你呢？	您 呢？(禮貌說法) nín ne
E tu?	你呢？	你 呢？ nǐ ne
Grazie mille	好多謝你 / 唔該晒	謝 謝 你 xiè xie nǐ
Scusi	唔好意思	不 好 意 思 bù hǎo yì si
Ti amo	我愛你	我 愛 你 wǒ ài nǐ
Volevo...	我想 ...	我 想 ... wǒ xiǎng

Italiano	廣東話	普通話
Volevamo...	我哋想…	我 們 想 … wǒ men xiǎng
Cosa vuoi? / Cosa desideri?	你想要咩呀？	你 想 要 甚 麼？ nǐ xiǎng yào shén me
Mi faccia vedere…	畀我睇…	給 我 看 看 … gěi wǒ kàn kan
Sto cercando...	我搵緊…	我 找 … wǒ zhǎo
Mi sono perso	我蕩失路呀	我 迷 路 了 wǒ mí lù le
Arrivederci	遲啲見	一 會 兒 見 yī huìr jiàn
Sì	係	是 的 shì de
No	唔係	不 是 bù shì
Per favore	唔該 / 麻煩你	謝 謝 你 xiè xie nǐ
Bene	好	好 hǎo
Molto bene	非常好	很 好 hěn hǎo
Eccezionale	超好	十 分 好 shí fēn hǎo

Italiano	廣東話	普通話
Dove?	邊度?	哪裏? nǎ lǐ
Dov'è ...?	... 喺邊?	... 在哪兒? zài nǎr
Dove sono...? (p)	... 喺邊?(複數)	... 在哪兒?(複數) zài nǎr
Quando?	幾時?	甚麼時候? shén me shí hòu
Come?	點樣?	怎麼樣? zěn me yàng
Quanto?	幾多...?	多少? duō shǎo
Chi?	邊個(人)?	誰? shuí
Che cosa?	乜嘢?	甚麼? shén me
Perché?	點解?	為甚麼? wèi shén me
Quale? / Quali? (p)	邊樣?	哪一樣? nǎ yī yàng
Come si dice in italiano?	呢啲意大利文點講?	這個意大利文怎麼說? zhè ge yì dài lì wén zěn me shuō

Italiano	廣東話	普通話
Parla italiano?	你識唔識講意大利文？	你 會 不 會 説 意 大 利 文？ nǐ huì bù huì shuō yì dài lì wén
— inglese	— 英文	— 英 文 yīng wén
— cantonese	— 廣東話	— 廣 東 話 guǎng dōng huà
— mandarino	— 普通話／國語	— 普 通 話／國 語 pǔ tōng huà guó yǔ
Non parlo italiano	我唔識講意大利文	我 不 會 説 意 大 利 文 wǒ bù huì shuō yì dài lì wén
Può parlare più lentamente?	你可唔可以講慢啲？	你 能 不 能 説 慢 一 點？ nǐ néng bù néng shuō màn yī diǎnr
Puoi ripetere?	你可唔可以講多次？	你 可 不 可 以 再 説 一 遍？ nǐ kě bù kě yǐ zài shuō yī biàn
Può ripetere?	請問你可唔可以講多次？（禮貌説法）	您 可 不 可 以 再 説 一 遍？（禮貌説法） nín kě bù kě yǐ zài shuō yī biàn
Un momento, per favore	等一陣，唔該	對 不 起 ， 請 等 一 會 duì bù qǐ qǐng děng yī huìr
Non capisco	我唔明呀	我 不 明 白 wǒ bù míng bai

Italiano	廣東話	普通話
Capisce?	你明唔明呀？	你 明 不 明 白？ nǐ míng bù míng bai
Non è possibile	咁樣唔得架！	這 可 不 行！ zhè kě bù xíng
Mi può dire...?	你可唔可以話我聽？	你 可 不 可 以 跟 我 說？ nǐ kě bù kě yǐ gēn wǒ shuō
Mi può aiutare?	你可唔可以幫我？	你 能 不 能 幫 我 一 下？ nǐ néng bù néng bāng wǒ yī xià
La posso aiutare?	我可唔可以幫到你？	我 有 甚 麼 可 以 效 勞？ wǒ yǒu shén me kě yǐ xiào láo

2 All'aeroporto 機場

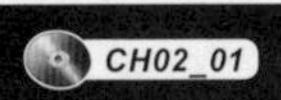

Italiano	廣東話	普通話
Dov'è il controllo passaporti?	入境處喺邊度？	入 境 處 在 哪 裏？ rù jìng chù zài nǎ li
Il passaporto, per cortesia	你本護照喺邊呀？	你 的 護 照 在 哪 裏？ nǐ de hù zhào zài nǎ li
Eccolo	喺呢度	在 這 裏 zài zhè li
Il suo permesso di soggiorno?	你張入境表喺邊呀？	你 的 入 境 證 在 哪 裏？ nǐ de rù jìng zhèng zài nǎ li
Quanto tempo rimane...	你想喺...留幾耐？	你 想 在 ... 逗 留 多 久？ nǐ xiǎng zài ... dòu liú duō jiǔ
– a Hong Kong?	– 香港	– 香 港 xiāng gǎng
– in Italia?	– 意大利	– 意 大 利 yì dài lì
Solo due settimane	只係兩個禮拜	就 兩 個 星 期 jiù liǎng ge xīng qī
Solo tre giorni	只係三日	就 三 天 jiù sān tiān
Un mese	一個月	一 個 月 yī ge yuè

Italiano	廣東話	普通話
Qual'è lo scopo della sua visita?	你今次旅行有咩目的？	你這次旅遊的目的是甚麼？ nǐ zhè cì lǚ yóu de mù di shì shén me
Turismo / Affari	旅遊 / 公幹	旅遊 / 公幹 lǚ yóu gōng gàn
Sono venuto/a a visitare ..	我嚟探 / 搵 ...	我是來探望 / 找 ... wǒ shì lái tàn wàng zhǎo
– un parente / un amico	– 親戚 / 一個朋友	– 親戚 / 一個朋友 qīn qì yī ge péng yǒu
– un socio	– 一個生意拍擋	– 一個生意夥伴 yī ge shēng yì huǒ bàn
Ha famiglia...?	你親戚喺 ...？	你的親戚在 ...？ nǐ de qīn qì zài
– qui	– 喺呢度	– 在這裏 zài zhè lǐ
– in Italia	– 喺意大利	– 在意大利 zài yì dài lì
Sì / No	係 / 唔係	是 / 不是 shì bù shì

Bagaglio 行李

CH02_02

Italiano	廣東話	普通話
Dov'è l'uscita?	出口喺邊度？	出口在哪兒？ chū kǒu zài nǎr
Sempre dritto	直行	直走 zhí zǒu

Italiano	廣東話	普通話
Dove posso ritirare il bagaglio?	我可以喺邊度攞番件行李？	我可以在哪裏拿回我的行李？ wǒ kě yǐ zài nǎ lǐ ná huí wǒ de xíng li
Lì a destra/a sinistra	嗰邊轉右／左	往那邊右／左轉 wǎng nà biān yòu zuǒ zhuǎn
Con quale compagnia ha viaggiato?	你坐邊間航空公司架？	你乘坐哪一間航空公司的班機？ nǐ chéng zuò nǎ yī jiān háng kōng gōng sī de bān jī
Il numero del suo volo?	你班機幾多號？	你乘坐的是幾號班機？ nǐ chéng zuò de shì jǐ hào bān jī
Può ritirare il suo bagaglio qui	你可以喺呢度攞番件行李	你可以在這兒領回你的行李 nǐ kě yǐ zài zhèr lǐng huí nǐ de xíng li
Dove sono i carrelli?	可以喺邊度攞行李車？	在哪裏可以找到行李車？ zài nǎ lǐ kě yi zhǎo dào xíng li chē
Lì	嗰邊	那邊 nà biān

Italiano	廣東話	普通話
Dogana 海關		CH02_03
Dov'è la dogana?	海關喺邊度 ?	海 關 在 哪 兒 ? hǎi guān zài nǎr
Qualcosa da dichiarare?	你有乜嘢要申報 ?	你 有 甚 麼 東 西 要 申 報 ? nǐ yǒu shén me dōng xī yào shēn bào
Nulla	無	沒 有 méi yǒu
Cos'ha nella valigia?	你個袋入面有乜嘢 ?	你 那 個 袋 裏 有 甚 麼 ? nǐ nà ge dài lǐ yǒu shén me
Solo effetti personali	淨係得啲私人嘢	只 是 一 些 個 人 物 品 zhǐ shì yì xiē gè rén wù pǐn
Devo dichiarare qualcosa	我有嘢要申報	我 有 東 西 要 申 報 wǒ yǒu dōng xi yào shēn bào
Cos'è questo?	乜嘢嚟架 ?	這 是 甚 麼 ? zhè shì shén me
Deve pagare trecento dollari/ Euro/yuan	你需要畀300港幣/ 歐元 / 人民幣	你 需 要 付 三 百 港 元/ 歐 元/ 人 民 幣 nǐ xū yào fù sān bǎi gǎng yuán ōu yuán rén mín bì

Italiano	廣東話	普通話
Ma è moltissimo!	咁貴嘅？	這 麼 貴 ？ zhè me guì
Vorrei cambiare in dollari di Hong Kong/Euro/Renminbi	我想將呢啲唱做港幣 / 歐元 / 人民幣	我 想 把 這 些 兌 成 wǒ xiǎng bǎi shè xiē duì chéng 港 元/ 歐 元/ 人 民 幣 gǎng yuán oū yuán rén mín bì
Vorrei cambiare questo travellers cheque	我想入張旅遊支票	我 想 存 入 這 張 旅 wǒ xiǎng cún rù zhè zhāng lǚ 遊 支 票 yóu zhī piào
Quant'è il cambio?	匯率幾多？	匯 率 是 多 少 ？ huì lǜ shì duō shǎo
Dov'è l'ufficio del turismo?	旅遊局喺邊度？	旅 遊 局 在 哪 兒 ？ lǚ yóu jú zài nǎr
Dove posso prendere un taxi?	我可以喺邊度搭的士？	我 可 以 在 哪 裏 坐 wǒ kě yǐ zài nǎ lǐ zuò 出 租 車 ？ chū zū chē
Dove posso affittare una macchina?	邊度可以租車呀？	可 以 在 哪 裏 租 車 ？ kě yǐ zài nǎ lǐ zū chē
C'è un telefono qui vicino?	附近有無電話呀？	附 近 有 沒 有 電 話 ？ fù jìn yǒu méi yǒu diàn huà
C'è un bagno/servizio qui vicino?	附近有無廁所呀？	附 近 有 沒 有 公 廁 ？ fù jìn yǒu méi yǒu gōng cè

Italiano	廣東話	普通話
C'è un ristorante qui vicino?	附近有無餐廳呀？	附 近 有 沒 有 餐 廳 fù jìn yǒu méi yǒu cān tīng
Dove posso trovare informazioni sugli hotel?	喺邊度可以攞到呢度啲酒店嘅資料？	在 哪 裏 可 以 找 到 zài nǎ lǐ kě yǐ zhǎo dào 這 裏 酒 店 的 資 料? zhè lǐ jǐu diàn de zī liào

意大利機場

意大利有多達100個機場，當中最著名的可説是位於羅馬的Aeroporto Leonardo da Vinci di Fiumicino（達文西國際機場）。Aeroporto Leonardo da Vinci di Fiumicino在1961年1月15日啟用，是意大利最大的國際機場。它距離羅馬市中心35公里，是意大利航空業的重要樞紐。在2008年，它一共服務了3500多萬名旅客，並獲得「2008年全球客運量最繁忙的機場第25位」的殊榮。

其他重要的機場包括米蘭的Aeroporto di Milano-Malpensa、威尼斯的Aeroporto di Venezia-Tessera、波隆那的Aeroporto di Bologna、佛羅倫斯的Aeroporto di Firenze、那不勒斯的Aeroporto Internazionale di Capodichino、巴勒摩的Aeroporto Internazionale Falcone-Borsellino，還有羅馬的Aeroporto di Roma-Ciampino。主要的航空公司有：意大利航空公司 (Alitalia)、法國航空公司 (Air France)、荷蘭皇家航空 (KLM)、德國漢莎航空公司 (Lufthansa)、EasyJet 航空公司、Ryanair 航空公司等。

3 All'hotel 酒店

CH03_01

Italiano	廣東話	普通話
Mi chiamo...	我叫...	我的名字是... wǒ de míng zì shì
Ho una prenotazione	我訂咗間房	我預訂了一間房 wǒ yù dìng le yī jiān fáng
Abbiamo due stanze prenotate	我哋訂咗兩間房	我們訂了兩間房 wǒ men dìng le liǎng jiān fáng
Una singola e una doppia	一間單人房，一間雙人房	一間單人房，一間 yī jiān dān rén fáng yī jiān 雙人房 shuāng rén fáng
Le ho spedito un'e-mail	我寄咗封電郵畀你哋	我已給你們發了 wǒ yǐ géi nǐ men fā le 一封電郵 yī fēng diàn yóu
Ecco la conferma	呢封係確認信	這是確認信 zhè shì què rèn xìn
Volevo una stanza per…	我想要一間...	我想要一間... wǒ xiǎng yào yī jiān
– una persona	– 單人房	– 單人房 dān rén fáng
– due persone	– 雙人房	– 雙人房 shuāng rén fáng
– con bagno	– 連埋浴室	– 有浴室 yǒu yù shì
– con letto matrimoniale	– 連埋雙人床	– 有雙人床 yǒu shuāng rén chuáng
– con balcone	– 連埋露台	– 有露台 yǒu lù tái

Italiano	廣東話	普通話
Che dia...	向…	面對… miàn duì
– sulla strada	–街	–街 jiē
– sul mare	–海	–海 hǎi
– sul terrazzo	–庭院嗰邊	–在院子那邊 zài yuàn zi nà biān
Vorrei una stanza tranquilla	我想要間靜啲嘅房	我想要一間比較安靜的房間 wǒ xiǎng yào yī jiān bǐ jiào ān jìng de fáng jiān
C'è ...?	間房有無…?	這房間有沒有…? zhè fáng jiān yǒu méi yǒu
– l'aria condizionata	–冷氣	–空調設備 kōng tiáo shè bèi
– la televisione	–電視	–電視機 diàn shì jī
– il frigorifero	–雪櫃	–電冰箱 diàn bīng xiāng
– il servizio di lavanderia	–清潔服務	–清潔服務 qīng jié fú wù
– l'acqua calda	–熱水	–熱水 rè shuǐ
– la doccia / la vasca da bagno	–花灑/浴缸	–淋浴器/浴缸 lín yù qì yù gāng
Quanto viene la stanza?	間房…要幾錢?	這房間…要多少錢? zhè fáng jiān yào duō shǎo qián
– per una settimana	–住一個禮拜	–住一個星期 zhù yī gè xīng qī
– per una notte	–住一晚	–住一晚 zhù yī wǎn

Italiano	廣東話	普通話
La colazione è inclusa?	包唔包早餐？	是否包括早餐？ shì fǒu bāo kuò zǎo cān
Le tasse sono incluse?	個總數包唔包埋稅？	總數是不是包括稅款？ zǒng shù shì bù shì bāo kuō shuì kuǎn
Ci sono sconti per bambini/ studenti?	細路仔／學生有無折扣？	兒童／學生是否有折扣？ ér tóng xué shēng shì fǒu yǒu zhé kòu
È un po' caro!	貴咗啲！	有點貴！ yǒu diǎn guì
C'è qualcosa di più economico?	有無其他平啲架？	有沒有其他比較便宜點的？ yǒu méi yǒu qí tā bǐ jiào pián yí diǎnr de
Ci fermiamo...	我哋住…	我們住… wǒ men zhù
– una notte	– 一晚	– 一個晚上 yī gè wǎn shàng
– qualche giorno	– 幾晚	– 幾天 jǐ tiān
– una settimana	– 一個禮拜	– 一個星期 yī gè xīng qī
Non so esattamente quanto ci fermiamo	我都唔肯定住幾耐架	我也不肯定會住多久 wǒ yě bù kěn dìng huì zhù duō jiǔ

Italiano	廣東話	普通話
Posso vedere la stanza?	我可唔可以睇下間房？	我可不可以看看那房間？ wǒ kě bù kě yǐ kàn kan nà fáng jiān
Problemi 困難 / 問題		CH03_02
La stanza non mi piace molto	間房我唔係幾滿意	我不是很滿意這個房間 wǒ bù shì hěn mǎn yì zhè gè fáng jiān
Mi dispiace. L'hotel è completo	唔好意思，酒店已經客滿	對不起，酒店已經客滿了 duì bù qǐ, jiǔ diàn yǐ jīng kè mǎn le
Nella stanza fa...	間房...	這個房間... zhè gè fáng jiān
– molto freddo / molto caldo	– 太凍 / 太熱	– 太冷 / 太熱 tài lěng / tài rè
La stanza è...	間房...	這個房間... zhè gè fáng jiān
– molto grande / molto piccola	– 太大 / 太細	– 太大 / 太小 tài dà / tài xiǎo
– molto scura / molto luminosa	– 太暗 / 太光	– 太暗 / 太亮 tài àn / tài liàng
– molto rumorosa	– 太嘈	– 太吵 tài chǎo
Ho chiesto la stanza con doccia/con bagno	我想要間有花灑 / 浴缸嘅房	我想要一間有淋浴器 / 浴缸的房間 wǒ xiǎng yào yī jiān yǒu lín yù qì / yù gāng de fáng jiān

Italiano	廣東話	普通話
Ha qualcosa...	你地有無...嘅房?	你們有沒有...的房間? nǐ men yǒu méi yǒu ... de fáng jiān
– di meglio?	– 好啲	– 好一點 hǎo yī diǎnr
– di più grande?	– 大啲	– 大一點 dà yī diǎnr
– di più economico?	– 平啲	– 便宜點 pián yí diǎnr
– di più tranquillo?	– 靜啲	– 安靜點 ān jìng diǎnr
Va bene, prendo questa	呢間房好,就要呢間	這個房間好,我就要這一間 zhè gè fáng jiān hǎo, wǒ jiù yào zhè yī jiān

Formalità 辦理手續

CH03_03

Italiano	廣東話	普通話
Mi fa vedere il passaporto, per favore?	唔該,我可唔可以睇下你個護照?	對不起,我可不可以看看你的護照? duì bù qǐ, wǒ kě bù kě yǐ kàn kan nǐ de hù zhào
Può riempire questo modulo?	填咗張表先	先填寫這份表格 xiān tián xiě zhè fèn biǎo gé
Firmi qui, per favore	喺呢度簽名,唔該	請在這裏簽名 qǐng zài zhè lǐ qiān míng
Qual'è il numero della stanza?	我間房幾多號?	我的房間是幾號? wǒ de fáng jiān shì jǐ hào

Italiano	廣東話	普通話
Mi può portare le valigie in camera?	你可唔可以幫我搬啲行李上房？	你可不可以幫我把這些行李拿到我的房間？ nǐ kě bù kě yǐ bāng wǒ bǎ zhè xiē xíng lǐ ná dào wǒ de fáng jiān
Qual'è il numero della reception?	接待處電話幾多號？	接待處的電話號碼是多少？ jiē dài chù de diàn huà hào mǎ shì duō shǎo
Durante la permanenza 入住期間		CH03_04
Può dire al personale di salire a fare la stanza, per favore?	唔該可唔可以搵執房工人執一執間房？	請問可不可以找一個傭工收拾一下房間？ qǐng wèn kě bù kě yǐ zhǎo yī gè yōng gōng shōu shí yī xià fáng jiān
Chi è? / Sì?	邊個？	是誰？ shì shuí
Un momento, per favore	唔該你等陣	請你等一下 qǐng nǐ děng yī xià
Prego	入嚟啦	請進來 qǐng jìn lái
Mi può far vedere come funziona la doccia?	可唔可以示範一下點用個花灑？	可不可以示範一下怎樣用這個淋浴器？ kě bù kě yǐ shì fàn yī xià zěn yàng yòng zhè ge lín yù qì

Italiano	廣東話	普通話
Dov'è la spina per il rasoio elettrico?	鬚刨插座喺邊？	電 髯 刀 插 頭 在 哪 裏？ diàn hú dāo chā tóu zài nǎ lǐ
Che voltaggio ha la spina?	插座嘅電壓係幾多？	插 頭 的 電 壓 是 多 少？ chā tóu de diàn yā shì duō shǎo
Come si accende la televisione?	點樣開部電視？	怎 樣 開 啟 這 電 視？ zěn yàng kāi qǐ zhè diàn shì
Potete portarmi la colazione in camera?	我可唔可以喺房度食早餐？	我 可 以 在 房 間 內 吃 wǒ kě yǐ zài fáng jiān nèi chī 早 餐 嗎？ zǎo cān ma
Vorrei lasciare questo nella cassetta di sicurezza	我想放啲嘢入你哋嘅保險箱	我 想 放 一 些 東 西 wǒ xiǎng fàng yī xiē dōng xī 在 你 們 的 保 險 箱 zài nǐ men de bǎo xiǎn xiāng
Mi può portare...	我想要...	我 想 要 ... wǒ xiǎng yào
– un portacenere?	– 煙灰缸	– 煙 灰 缸 yān huī gāng
– un asciugamano?	– 浴巾	– 浴 巾 yù jīn
– un'altra coperta?	– 多一張被	– 多 一 張 被 子 duō yī zhāng bèi zi
– qualche altra gruccia?	– 啲衣架	– 一 些 衣 架 yī xiē yī jià
– del ghiaccio?	– 啲冰	– 一 些 冰 yī xiē bīng
– un altro cuscino?	– 多一個枕頭	– 多 一 個 枕 頭 duō yī gè zhěn tóu
– del sapone?	– 番梘	– 肥 皂 féi zào
– una bottiglia d'acqua?	– 一支水	– 一 瓶 水 yī píng shuǐ

Italiano	廣東話	普通話
C'è un parrucchiere all'hotel?	呢度有無髮型屋？	這裏有沒有理髮店？ zhè lǐ yǒu méi yǒu lǐ fà diàn
Dov'è il bagno, per favore?	請問洗手間喺邊？	請問，洗手間在哪裏？ qǐng wèn xǐ shǒu jiān zài nǎ lǐ
Dov'è...	邊度有...？	哪裏有...？ nǎ lǐ yǒu
– il ristorante?	– 餐廳	– 餐廳／菜館 cān tīng cài guǎn
– il salone di bellezza?	– 美容院	– 美容院 měi róng yuàn
Dovè sono le terme?	邊度有溫泉？	哪裏有溫泉？ nǎ lǐ yǒu wēn quán
Vorrei vedere il direttore/il manager	我想見下你哋經理	我想見你們的經理 wǒ xiǎng jiàn nǐ men de jīng lǐ
Vado via domani dopo la colazione	我聽日食完早餐就走	我明天吃完早餐便離開 wǒ míng tiān chī wán zǎo cān biàn lí kāi
Lasciando l'hotel 離開酒店		CH03_05
Mi può preparare il conto?	可唔可以幫我預備張單？	可不可以幫我準備賬單？ kě bù kě yǐ bāng wǒ zhǔn bèi zhàng dān
C'è un problema. La fattura è sbagliata	張單有啲問題，個總數唔啱	這賬單有一些問題，總數算錯了 zhè zhàng dān yǒu yī xiē wèn tí zǒng shù suàn cuò le

Italiano	廣東話	普通話
Non abbiamo chiesto questo	我無叫到呢個	我 沒 有 點 這 個 wǒ méi yǒu diǎn zhè ge
Dev'esserci un errore!	一定有啲嘢唔啱！	一 定 有 些 地 方 不 對 ！ yī dìng yǒu xiē dì fāng bú duì
Vorrei pagare	我想畀錢	我 想 付 錢 wǒ xiǎng fù qián
Mi può cambiare questo in euro?	可唔可以幫我換做歐羅？	可 不 可 以 幫 我 兑 kě bù kě yǐ bāng wǒ duì 成 歐 元？ chéng ōu yuán
Mi può portare le valigie?	可唔可以幫我搬啲行李落樓呀？	可 不 可 以 幫 我 拿 kě bù kě yǐ bāng wǒ ná 這 些 行 李 下 去？ zhè xiē xíng lǐ xià qù
Può chiamare un taxi?	可唔可以幫我叫架的士？	可 不 可 以 替 我 找 kě bù kě yǐ tì wǒ zhǎo 一 輛 出 租 車？ yī liàng chū zū chē
Quanto costa da qui all'aeroporto, più o meno?	由呢度去機場大約幾錢？	從 這 裏 到 機 場 大 cóng zhè lǐ dào jī chǎng dà 約 要 多 少 錢？ yuē yào duō shǎo qián
Posso lasciare le mie cose qui?	我可唔可以留啲行李喺度？	我 可 以 留 我 的 行 wǒ ké yǐ liú wǒ de xíng 李 在 這 裏 嗎？ lǐ zài zhè lǐ ma

Italiano	廣東話	普通話
La vengo a prendere più o meno alle 3	三點左右我會番嚟拎番啲行李	我 wǒ 會 huì 在 zài 三 sān 點 diǎn 左 zuǒ 右 yòu 回 huí 來 lái 拿 ná 我 wǒ 的 de 行 xíng 李 lǐ
Non ha dimenticato nulla?	你有無攞漏咗嘢？	你 nǐ 有 yǒu 沒 méi 有 yǒu 落 là 下 xià 東 dōng 西 xī？
Ecco la chiave della stanza	呢條係我間房嘅鎖匙	這 zhè 是 shì 我 wǒ 房 fáng 間 jiān 的 de 鑰 yào 匙 shi

服務式家居住宅

在意大利，很多城鎮都有提供服務式家居住宅。旅客選定目的城鎮後，只需與城鎮的官方旅遊辦事處聯絡，就可得到 un elenco di affittacamere（出租服務式家居住宅的名單）。由於服務式家居住宅並不是由官方管理，所以租金以至一切服務收費都不是由旅遊辦事處釐定和收取。

酒店及食肆小費

酒店會在旅客入住的時候收取15%至19%服務費。另外，很多意大利酒店都有收取小費的慣例，包括旅客每天付€1予房間部的服務生；另外€1予看門叫車的服務生；還有€2予把行李搬到房間的服務員。服務台職員亦期望旅客給予相當於賬單15%的服務費，以及接駁長途電話等額外服務的小費。在較昂貴的酒店，這些小費金額通常加倍。至於食肆酒吧，servizio（小費）通常計算在帳單內，與所有費用一同收取。在這情況下，顧客不必要給予額外小費，但有些顧客仍會留下數歐羅以表示滿意服務。法律也規定食肆必須把收據給予顧客。

Colazione 早餐

Italiano	廣東話	普通話
Vorrei avere la colazione in camera	我想喺房度食早餐	我 想 在 房 裏 吃 早 餐 wǒ xiǎng zài fáng lǐ chī zǎo cān
Vorrei un succo di frutta	我要果汁	我 要 果 汁 wǒ yào guǒ zhī
Un succo…		
– d'arancia	– 橙汁	– 橙 汁 chéng zhī
– di mango	– 芒果汁	– 芒 果 汁 máng guǒ zhī
– di pomodoro	– 蕃茄汁	– 西 紅 柿 汁 xī hóng shì zhī
– d'ananas	– 菠蘿汁	– 菠 蘿 汁 bō luó zhī
– di pompelmo	– 西柚汁	– 西 柚 汁 xī yóu zhī
– d' anguria	– 西瓜汁	– 西 瓜 汁 xī guā zhī
– di papaia	– 木瓜汁	– 木 瓜 汁 mù guā zhī
– di kiwi	– 奇異果汁	– 彌 猴 桃 汁 mí hóu táo zhī
– di mela	– 蘋果汁	– 蘋 果 汁 píng guǒ zhī
– di carota	– 甘荀汁	– 紅 蘿 蔔 汁 hóng luó bo zhī
Cereali	粟米片	玉 米 片 yù mǐ piàn
Fiocchi d'avena	麥片	麥 片 mài piàn
Pane	麵包	麵 包 miàn bāo

Italiano	廣東話	普通話
Con pomodoro	蕃茄	西 紅 柿 xī hóng shì
Con olio d'oliva	橄欖油	橄 欖 油 gǎn lǎn yóu
Croissant	牛角包	牛 角 包 niú jiǎo bāo
Uno yogurt di frutta	生果乳酪	水 果 酸 奶 shuǐ guǒ suān nǎi
– alla fragola	– 士多啤梨味	– 草 莓 味 cǎo méi wèi
– naturale	– 原味	– 原 味 yuán wèi
– alla pesca	– 桃味	– 桃 子 味 táo zi wèi
Formaggio fresco	白芝士	奶 酪 nǎi lào
Uova	雞蛋	雞 蛋 jī dàn
Uova con pancetta	雞蛋同煙肉	雞 蛋 和 煙 肉 jī dàn hé yān ròu
Uova con prosciutto	雞蛋同火腿	雞 蛋 和 火 腿 jī dàn hé huǒ tuǐ
Un uovo sodo	烚蛋	白 煮 蛋 bái zhǔ dàn
Uova strapazzate	炒蛋	炒 蛋 chǎo dàn

Italiano	廣東話	普通話
Una frittata	奄列	煎 蛋 卷 jiān dàn juǎn
– con prosciutto	一火腿	一 火 腿 huǒ tuǐ
– con funghi	一磨菇	一 磨 菇 mó gū
– con prosciutto e formaggio	一火腿同芝士	一 火 腿 和 奶 酪 huǒ tuǐ hé nǎi lào
Burro	牛油	牛 油 niú yóu
Marmellata	果 jam	果 醬 guǒ jiàn
– di fragole	一士多啤梨	一 草 莓 cǎo méi
– di pesche	一桃	一 桃 子 táo zi
– di susine	一車厘子	一 櫻 桃 yīng táo
Miele	蜜糖	蜂 蜜 fēng mì
Sciroppo	糖漿	糖 漿 táng jiāng
Colazione Cinese 中式早餐		CH04_02
Brodo di riso	粥	粥 zhōu
– con carne di manzo	一牛肉粥	一 牛 肉 粥 niú ròu zhōu
– con pollo	一雞粥	一 雞 粥 jī zhōu

Italiano	廣東話	普通話
– con pesce	– 魚粥	– 魚粥 yú zhōu
– con le uova dei cent'anni	– 皮蛋粥	– 皮蛋粥 pí dàn zhōu
– con uova d'anatra	– 鹹蛋粥	– 鹹蛋粥 xián dàn zhōu
Dim sum	點心	點心 diǎn xīn
Zuppa di spaghetti cinesi istantanea	即食麵	方便麵 fāng biàn miàn
– con costolette di maiale	– 豬扒	– 豬扒 zhū pá
– con salsicce	– 腸仔	– 香腸 xiāng cháng
– con uova e prosciutto	– 腿蛋	– 火腿雞蛋 huǒ tuǐ jī dàn
Un chasiubao	叉燒包	叉燒包 chā shāo bāo
Colazione giapponese 日式早餐		CH04_03
Salmone alla griglia	燒三文魚	烤三文魚 kǎo sān wén yú
Verdure condite	醃菜	醬菜 jiàng cài
Zuppa Miso	麵豉湯	麵豉湯 miàn shì tāng

Italiano	廣東話	普通話
Riso bianco	白飯	白 飯 bái fàn
Involtini di uovo	蛋春卷	蛋 春 卷 dàn chūn juǎn
Frutta di stagione	合時生果	時 令 水 果 shí lìng shuǐ guǒ
Colazione continentale 歐式早餐		CH04_04
Succo di frutta	鮮果汁	新 鮮 水 果 汁 xīn xiān shuǐ guǒ zhī
Frutta fresca	新鮮生果	新 鮮 水 果 xīn xiān shuǐ guǒ
Frutta sciroppata	罐頭生果	罐 頭 水 果 guàn tou shuǐ guǒ
Pasticceria	各式糕點	各 式 糕 點 gè shì gāo diǎn
Caffè	咖啡	咖 啡 kā fēi
Caffè macchiato	牛奶咖啡	牛 奶 咖 啡 niú nǎi kā fēi
Decaffeinato	無咖啡因咖啡	無 咖 啡 因 咖 啡 wú kā fēi yīn kā fēi
Cioccolato caldo	熱朱古力	熱 巧 克 力 rè qiǎo kè lì

Italiano	廣東話	普通話
Latte	牛奶	牛 奶 niú nǎi
Cappuccino	意大利牛奶咖啡	意 大 利 牛 奶 咖 啡 yì dà lì niú nǎi kā fēi
Espresso	濃縮咖啡	濃 縮 咖 啡 nóng suō kā fēi
Tisane/infusioni	香草茶	香 草 茶 xiāng cǎo chá
Pomodori alla griglia	烤蕃茄	烤 西 紅 柿 kǎo xī hóng shì
Patate saltate	炒薯仔	炒 土 豆 chǎo tǔ dòu
Mi può servire / portare un caffè, per favore?	可唔可以畀杯 .../ 咖啡我	請 給 我 一 杯 ... / 咖 啡 qǐng gěi wǒ yī bēi kā fēi
– tè verde	– 綠茶	– 綠 茶 lǜ chá
– tè Oolong	– 烏龍茶	– 烏 龍 茶 wū lóng chá
– tè Nero	– 黑茶	– 黑 茶 hēi chá
– tè Darjeeling	– 大吉嶺紅茶	– 大 吉 嶺 紅 茶 dà jí lǐng hóng chá
– tè Tikuanyin	– 鐵觀音茶	– 鐵 觀 音 茶 tiě guān yīn chá
– tè di gelsomino	– 水仙茶	– 水 仙 茶 shuǐ xiān chá
– tè di crisantemo	– 菊花茶	– 菊 花 茶 jú huā chá

Italiano	廣東話	普通話
Sto aspettando degli amici	我喺度等緊朋友	我 在 等 朋 友 wǒ zài děng péng yǒu
Il numero della sua stanza?	你幾號房？	你 是 幾 號 房？ nǐ shì jǐ hào fáng

意大利飲食習慣

意大利早餐與英美早餐截然不同。Colazione（早餐）通常較為輕盈：cappuccino加上一件brioche（酥皮點心）；或只是一杯espresso即可。

除了在一些工業城市外，pranzo（午餐）通常是一頓豐富的大餐。午餐包括antipasto/primo piatto（前菜）的意大利麵、飯或湯，secondo piatto（主菜）的肉或魚配上contorno（蔬菜或沙拉），然後是frutta（生果）。最後是一杯espresso，可能再加上一杯grappa（提子酒）或amaro（有助消化的烈酒）。

Cena（晚餐）與午餐相似。不過現在意大利人較喜歡吃稍為輕盈的午餐，留待晚上才吃一頓豐富的晚餐。

5 Al ristorante 餐廳

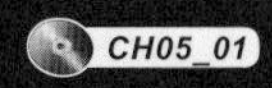

Italiano	廣東話	普通話
Ho fame	我肚餓	我 餓 了 wǒ è le
Ho sete	我口渴	我 口 渴 了 wǒ kǒu kě le
Mi può raccomandare un buon ristorante che non sia molto caro?	你可唔可以介紹一間唔係太貴又好食嘅餐廳畀我？	你 可 不 可 以 介 紹 nǐ kě bù kě yǐ jiè shào 一 間 價 錢 不 太 貴 yī jiān jià qián bú tài guì 而 且 好 吃 的 餐 廳 ér qiě hǎo chī de cān tīng 給 我？ gěi wǒ
Vorrei prenotare un tavolo per due	我想留一張兩人枱	我 想 預 訂 一 張 雙 wǒ xiǎng yù dìng yī zhāng shuāng 人 桌 子 rén zhuō zi
Arriveremo alle 7:30 (sette e mezza)	我哋會喺七點半嚟到	我 們 七 點 半 會 來 wǒ men qī diǎn bàn huì lái 到 dào
Possiamo avere un tavolo...?	我哋想要一張...	我 們 想 要 一 張 ... wǒ men xiǎng yào yī zhāng
– vicino alla finestra	– 近窗嘅枱	– 靠 窗 的 桌 子 kào chuāng de zhuō zi
– vicino all'aria condizionata	– 近冷氣嘅枱	– 靠 近 空 調 的 kào jìn kōng tiáo de 桌 子 zhuō zi

Italiano	廣東話	普通話
– lontano dal ventilatore	一遠風口位嘅枱	一 遠 離 空 調 的 桌 子 yuǎn lí kōng tiáo de zhuō zi
Mi può portare il menù per favore?	唔該，可唔可以畀個餐牌我？	請 問 你 ， 可 不 可 以 給 我 一 張 菜 單 qǐng wèn nǐ kě bù kě yǐ géi wǒ yī zhāng cài dān
Sto aspettando degli amici	我等緊朋友	我 在 等 我 的 朋 友 wǒ zài děng wǒ de péng yǒu
C'è molto da scegliere	呢度有好多選擇	這 裏 有 很 多 選 擇 zhè lǐ yǒu hěn duō xuǎn zé
Non mangio carne	我唔食肉	我 不 吃 肉 wǒ bù chī ròu
Sono vegetariano	我食齋嘅	我 吃 素 的 wǒ chī sù de
Sono allergico alle uova	我對雞蛋敏感	我 對 雞 蛋 敏 感 wǒ duì jī dàn mǐn gǎn
Hanno scelto?	你揀咗食乜嘢未？	你 選 好 吃 甚 麼 了 嗎？ nǐ xuǎn hǎo chī shén me le ma
Che vino mi consiglia?	你提議飲咩酒？	你 提 議 喝 甚 麼 酒 ？ nǐ tí yì hē shén me jiǔ

Italiano	廣東話	普通話
Un vino bianco / un vino rosso / un vino rosato	白酒 / 紅酒 / 玫瑰酒	白酒 / 紅酒 / 玫瑰酒 bái jiǔ hóng jiǔ méi guì jiǔ
Questo vino è eccellente	呢種酒真係好飲	這種酒味道真好 zhè zhóng jiǔ wèi dào zhēn hǎo
Mi può portare un po' di pane/ una caraffa d'acqua, per favore?	唔該，你可唔可以畀多少少麵包 / 一樽水我呀？	請問，可不可以多給我一點麵包 /一瓶水 qǐng wèn kě bù kě yǐ dūo géi wǒ yī diǎnr miàn bāo yī píng shuǐ
Scusi, mi può portare..., per favore?	唔好意思，可唔可以畀…我，唔該	對不起，可不可以給我… duì bù qǐ kě bù kě yǐ géi wǒ
– un portacenere	– 一個煙灰缸	– 一個煙灰缸 yī ge yān huī gāng
– un cucchiaio	– 一隻羹	– 一隻勺子 yī zhī sháo zi
– una forchetta	– 一隻叉	– 一把叉 yī bǎ chā
– un bicchiere	– 一隻杯	– 一個杯子 yī ge bēi zǐ
– un coltello	– 一把刀	– 一把刀 yī bǎ dāo
– un piatto	– 一隻碟	– 一隻碟子 yī zhī dié zǐ
– un tovagliolo	– 一張餐巾	– 一張餐巾紙 yī zhāng cān jīn zhǐ
– uno stuzzicadenti	– 一枝牙籤	– 一枝牙籤 yī zhī yá qiān

Italiano	廣東話	普通話
Vorrei...	我想要...	我 想 要 ... wǒ xiǎng yào
– una birra	– 一杯啤酒	– 一 杯 啤 酒 yī bēi pí jiǔ
– del burro	– 一啲牛油	– 一 點 牛 油 yī diǎnr niú yóu
– del ketchup	– 一啲茄汁	– 一 些 茄 汁 yī xiē qié zhī
– del pollo	– 一啲雞肉	– 一 些 雞 肉 yī xiē jī ròu
– del maiale	– 一啲豬肉	– 一 些 豬 肉 yī xiē zhū ròu
– del manzo	– 一啲牛肉	– 一 些 牛 肉 yī xiē niú ròu
– del pesce	– 一啲魚	– 一 些 魚 yī xiē yú
– dei frutti di mare	– 一啲海鮮	– 一 些 海 鮮 yī xiē hǎi xiān
– della frutta	– 一啲生果	– 一 些 水 果 yī xiē shuǐ guǒ
– del gelato	– 一啲雪糕	– 一 些 冰 淇 淋 yī xiē bīng qí lín
– un limone	– 一啲檸檬	– 一 些 檸 檬 yī xiē níng méng
– un'insalata	– 一啲沙律	– 一 些 色 拉 yī xiē sè lā
– della carne	– 一啲肉	– 一 些 肉 yī xiē ròu
– della verdura	– 一啲菜	– 一 些 菜 yī xiē cài
– della maionese	– 一啲蛋黃醬	– 一 些 蛋 黃 醬 yī xiē dàn huáng jiàng
– della mostarda	– 一啲芥辣	– 一 些 芥 末 yī xiē jiè mò
– del peperoncino	– 一啲胡椒粉	– 一 些 胡 椒 粉 yī xiē hú jiāo fěn
– del sale	– 一啲鹽	– 一 些 鹽 yī xiē yán

Italiano	廣東話	普通話
– dello zucchero	一一啲糖	一一些糖 yī xiē táng
– dell'aceto	一一啲醋	一一些醋 yī xiē cù
– delle patatine fritte	一一啲薯條	一一些薯條 yī xiē shǔ tiáo
– delle patate	一一啲薯仔	一一些土豆 yī xiē tǔ dòu
– del riso	一一啲飯	一一些飯 yī xiē fàn
– dei panini	一一啲三文治	一一些三明治 yī xiē sān míng zhì
– dell'acqua gasata	一一支蒸餾水	一一瓶蒸餾水 yī píng zhēng liú shuǐ
– della zuppa	一一啲湯	一一些湯 yī xiē tāng
– dell'acqua calda	一一杯熱水	一一杯熱開水 yī bēi rè kāi shuǐ
– dell'acqua fredda	一一杯凍水	一一杯冷開水 yī bēi lěng kāi shuǐ
– dell'acqua con ghiaccio	一一杯冰水	一一杯冰水 yī bēi bīng shuǐ

Lamentele 投訴

CH05_02

Italiano	廣東話	普通話
Questo non è quello che ho ordinato!	我無叫到呢啲喎！	我沒有點這個！ wǒ méi yǒu diǎn zhè ge
Questo non lo posso mangiare	我唔可以食呢樣	我不可以吃這個 wǒ bù kě yǐ chī zhè ge
Lo può cambiare?	你可唔可以幫我換過？	你可不可以幫我換掉？ nǐ kě bù kě yǐ bāng wǒ huàn diào

Italiano	廣東話	普通話
La carne ...	呢啲肉…	這 些 肉 … zhè xiē ròu
– è troppo cotta	– 太熟	– 太 熟 tài shú
– non è cotta abbastanza	– 唔夠熟	– 不 太 熟 bù tài shú
– è troppo dura	– 太韌	– 太 韌 tài rèn
È molto aspro	呢個太酸	這 個 太 酸 zhè ge tài suān
È molto salato	呢個太鹹	這 個 太 鹹 zhè ge tài xián
È molto dolce	呢個太甜	這 個 太 甜 zhè ge tài tián
È freddo/fredda	呢個太凍	這 個 太 冷 zhè ge tài lěng
Non è fresco/fresca	呢個都唔凍／唔新鮮	這 個 不 夠 冷／不 新 鮮 zhè ge bù gòu lěng bù xīn xiān
Il pane è duro	呢個唔新鮮	這 個 不 新 鮮 zhè ge bù xīn xiān
Può far venire il responsabile?	你可唔可以叫大廚嚟？	你 可 不 可 以 請 總 廚 出 來？ nǐ kě bù kě yǐ qǐng zǒng chú chū lái

Italiano	廣東話	普通話
Pagare 畀錢 / 付款		CH05_03
Il conto, per favore	唔該埋單	請結賬 qǐng jiē zhàng
Il servizio è incluso?	計唔計埋加一？	會收加一服務費嗎？ huì shōu jiā yī fú wù fèi ma
Accettano carte di credito?	你哋收唔收信用卡？	你們接受信用卡付款嗎？ nǐ men jiē shòu xìn yòng kǎ fù kuǎn ma
Grazie, tenga il resto	多謝晒，唔駛找	謝謝，不用找換了！ xiè xie bù yòng zhǎo huàn le
Era tutto molto buono, grazie	啲嘢好好食，多謝晒！	食物很好吃，謝謝！ shí wù hěn hǎo chī xiè xie
Arrivederci	我哋會再嚟！	我們會再來 wǒ men huì zài lái
Fast food 快餐		CH05_04
Buongiorno, un Big Mac con patate fritte. Da bere una coca-cola	你好，一個巨無霸餐，加大杯汽水同埋啲薯條	你好，我想要一個巨無霸套餐，加大汽水和薯條 ní hǎo wó xiǎng yào yī ge jù wú bà tào cān jiā dà qì shuǐ hé shǔ tiáo
Da consumare qui o da asporto?	喺度食定拎走？	堂吃還是外賣？ táng chī hái shì wài mài
Ecco a Lei…Sono 3 euro	一共 3 歐羅	一共 3 歐元 yī gòng ōu yuán

Formaggi 意大利芝士

Parmigiano-Reggiano——源自乳牛牛奶，是一種堅硬且含大量脂肪的粒狀芝士，已經煮熟但未經擠壓。這種芝士常用於撒在意粉上、拌入湯底和risotto（飯），或與aceto balsamic（摩德納醋）一起進食。它也是香蒜醬中一樣很重要的材料。

Mozzarella di bufala——由當地水牛牛奶製成的白芝士，味道與意粉、餡餅、蔬菜、比薩、烤麵包相配合，只沾橄欖油也可食用。

Gorgonzola——一種由未脫脂牛奶所製的意大利藍芝士，呈奶油狀或結實狀，鬆脆且味道略帶鹹，可與飯溶和或作比薩餡料，單吃或與其他軟芝士一同食用 ，稱之為Pizza ai Quattro（Four-Cheese Pizza）。

Formaggio di capra——以全脂或脫脂羊奶製成，並且有兩大類別：fresco（新鮮）或stagionato（經過風乾）。

Pecorino sardo 或 fiore sardo——源自意大利 Sardegna 的綿羊奶製芝士，在DOP（受保護的芝士指定原產地）出產。味道與pecorino romano 不同，sardo 的味道較濃郁，而 romano 則較辛辣及鹹。

Pecorino Romano——較硬且帶鹹味的意大利綿羊奶製芝士，適合磨碎食用，常用於意粉菜餚。Parmigiano 是其中一種 Pecorino Romano。

Caciocavallo——源自 Sicilia 的綿羊奶或乳牛奶製芝士，在歐盟保護的指定產地出產，形狀似一顆水滴，味道與意大利南部的 Provolone 相近。

意大利小食

Bruschetta——以蒜蓉、橄欖油、洋蔥、白芝士和蕃茄調味的烤麵包多士，有時還配以紅辣椒粉和羅勒。在意大利，bruschetta 的發音是 /brus'ketta/，但在英語國家則習慣讀成/bru:'ʃɛtə/。"Bruschetta"是由羅馬方言中的動詞"bruscare"衍生出來的，意思指「在煤上烘烤」。

Tramezzini——牛肉或三文魚烤麵包多士（或焗爐烘多士），加上白芝士或羊芝士、洋蔥、橄欖油、鹽和胡椒粉。可以單吃，也可配合沾上橄欖油和醋的蔬菜沙律食用。

Panini——由一小條麵包（通常是 ciabatta：一種脆皮意大利麵包）製成的三文治，把麵包向橫面切開，並放入 salami（蒜味香腸）、火腿、芝士或其他食物，可作熱食。

意大利酒釀

在挑選美酒的時候，千萬不要被「甚麼可以喝，甚麼不可以喝」的想法阻礙你享受你喜歡的酒。不過有兩種配搭酒和食物的原則能夠提高味覺的享受：

肉類配紅葡萄酒

紅酒中的 tannino（丹寧酸）與肉類中的蛋白質產生作用，讓溫和和味醇的紅酒滲入肉中。

傳統紅酒配搭包括：

— 燉或烤牛肉配 Chianti 紅酒

— 羊肉配 Brunello di Montalcino 紅酒

— 牛排配 Amarone 紅酒

味淡的白肉魚類和貝殼類配白葡萄酒

清淡的白酒避免淹沒味淡的魚味。

傳統白酒配搭包括：

— 清淡和辣的亞洲食物

— 煙三文魚配 Champagne（香檳酒）

— 烤魚配 Vermentino 白酒或 Falanghina 白酒

有些食物能配紅酒或白酒：

— 煙火雞和濃滷汁配 Pinot Grigio 紅酒或 Montepulciano 紅酒，或 Chardonnay 白酒

— 調味清淡的麵（如新鮮蕃茄汁）配 Trebbiano/Soave 白酒或葡萄酒（加美葡萄），或 Barolo/Barbera 紅酒

— 烤雞配帶苦澀味的白酒，如 Chardonnay 白酒，或 Sangiovese 紅酒

— 三文魚或豬肉配 Chardonnay 白酒或紅酒

以下是意大利主要的釀酒省區：

— Toscana
— Veneto
— Piemonte
— Toscana
— Abruzzo
— Umbria
— Marche
— Campania
— Puglia
— Sicilia
— Sardegna

Caffè 意大利咖啡

Caffè espresso——濃縮咖啡（espresso 意即「快捷」）。

Caffè macchiato——一種濃縮咖啡加上少量熱的泡沫狀奶（macchiato 意即「沾上」，整個意思就是「濃縮咖啡沾上牛奶」）。

Cappuccino——由濃縮咖啡、熱牛奶和牛奶泡沫製成的咖啡（cappuccino 在意大利文中指「衣服」）。

Affogato——一種下層有 gelato（雪糕）的濃縮咖啡（affogato 在意大利文中指「淹沒」）。

Caffè latte——由熱牛奶製成的咖啡（latte 指「牛奶」）。

酒的分類

在意大利，酒可以分為 Vino da tavola（日常餐桌酒）、Vino regionale IGT (Indicazione Geografica Tipica)（小產區酒）、Denominazione di Origine Controllata（DOC）（法定產區酒）和 Denominazione di Origine Controllata e Garantita（DOCG）（保證法定產區酒）。

Vino da tavola **日常餐桌酒**

意大利人日常飲用的酒，味道較清淡。混合來自不同生產葡萄酒的省區的葡萄，品質規定比較寬鬆，購買後可即時飲用。

Vino regionale IGT（Indicazione geografica tipica）**小產區酒**

味道較餐桌酒豐富，充滿意大利農村的浪漫和香氣。小產區酒只會用一個省區的葡萄釀製，而且受法例控制生產和保證品質。

Denominazione di Origine Controllata（DOC）**法定產區酒**

被譽為是品質接近完美的酒。每一個釀酒過程都經過嚴格的控制，包括葡萄園的面積大小、生產水平和產地。大部分 DOC 酒都以葡萄出產地為酒名，可以是省份如 Chianti 和 Veneto，或是省中的一個區域，甚至是一個城堡的名稱。越獨特的 DOC 酒，管制就越強，也因此質素越高就越有名望。

Denominazione di Origine Controllata e Garantita（DOCG）**保證法定產區酒**

意大利等級最高的酒。DOC（法定產區酒）經過釀酒商更深入的檢測及保證，還要取得國家農業部的認可，才能釀製 DOCG 酒。DOCG 酒的瓶身也附有 DOCG 標誌以茲識別。

意式食譜

Spaghetti alla Fabio 芝士茄子茄汁意大利粉（4人份量）

500克意大利粉

1罐去皮的意大利蕃茄

1個中等大小的洋蔥

2–3匙橄欖油

2茶匙碘化鹽

1個大或2個中等大小的茄子

1枝新鮮羅勒（有機的較好）

乾牛至

少許白糖

巴馬乾酪

1. 將蕃茄從罐頭取出，放入一個中等大小的煲，加水至3/4滿。
2. 把洋蔥切條或粒，茄子去皮，然後一起放入煲中。
3. 加入橄欖油、鹽、羅勒和牛至。
4. 蓋上煲蓋（煲蓋最好有氣孔幫助排出水蒸氣），用中火煮約25–30分鐘。
5. 在茄汁煮好前15分鐘開始煲水煮意粉。
6. 加1匙鹽、少許糖入茄汁，攪勻並煮5–8分鐘。
7. 可選擇在煲中混和茄汁，或因應口味剩下部分茄汁或蕃茄和茄子，然後放涼約5分鐘。
8. 把部分茄汁倒在碟上，加入部分巴馬芝士攪勻。
9. 過濾意粉並放在倒上茄汁的碟上。
10. 把剩下的茄汁倒在意粉上，加入剩下的芝士攪勻，即可進食。

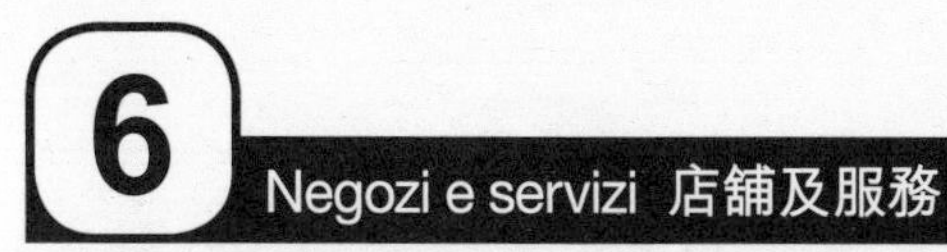

6 Negozi e servizi 店舖及服務

Italiano	廣東話	普通話
Acquisti 購物		CH06_01
Entrata	入口	入 口 rù kǒu
Uscita	出口	出 口 chū kǒu
Uscita di emergenza	緊急出口	緊 急 出 口 jǐn jí chū kǒu
Servizio postvendita	售後服務	售 後 服 務 shòu hòu fú wù
Saldi	大減價	大 甩 賣 dà shuǎi mài
Sconti	折扣	折 扣 zhé kòu
Dove?	喺邊？	在 哪 兒？ zài nǎr
Dove c'è un buon/una buona..?	邊度有好嘅 ...？	哪 兒 有 好 的 ...？ nǎr yǒu hǎo de
Dove posso trovare..?	我可以喺邊度搵到 ...？	我 可 以 在 哪 裏 找 wǒ kě yǐ zài nǎ lǐ zhǎo 到 ...？ dào
Dov'è il centro commerciale?	邊度有商業中心？	哪 裏 有 商 業 中 心？ nǎ lǐ yǒu shāng yè zhōng xīn

Italiano	廣東話	普通話
È lontano da qui?	離呢度好遠架？	離 這 兒 很 遠 嗎？ lí zhèr hěn yuǎn ma
Come si va a..?	我點先可以去到嗰度？	我 怎 樣 才 能 到 那 兒？ wǒ zěn yàng cái néng dào nàr

Assistenza al cliente 客戶服務

CH06_02

Italiano	廣東話	普通話
Mi può aiutare?	你可唔可以幫我？	你 可 不 可 以 幫 我 nǐ kě bù kě yǐ bāng wǒ
Sto solo guardando	我睇下先	先 讓 我 看 看 xiān ràng wǒ kàn kan
Avete..?	你有無 ...？	你 有 沒 有 ...？ nǐ yǒu méi yǒu
Vorrei comprare...	我想買 ...	我 想 買 ... wǒ xiǎng mǎi
Scusi, sto cercando...	唔好意思，我想搵 ...	麻 煩 你 ， 我 想 找 ... má fán nǐ wǒ xiǎng zhǎo
Dov'è l'ascensore/la scala mobile?	邊度有𨋢／扶手電梯？	哪 裏 有 升 降 機／扶 手 電 梯？ nǎ lǐ yǒu shēng jiàng jī fú shǒu diàn tī
Mi può far vedere..?	你可唔可以畀 ... 我睇下？	你 可 不 可 以 給 ... 我 看 看？ nǐ kě bù kě yǐ gěi wǒ kàn kan
– questo / questa	– 呢件	– 這 件 zhè jiàn

Italiano	廣東話	普通話
– questi / queste	– 呢幾件	– 這 幾 件 zhè jǐ jiàn
– quello/quella in vetrina	– 櫥窗嗰件	– 放 在 櫥 窗 的 fàng zài chú chuāng de 那 件 nà jiàn
Ne vorrei uno/una che sia...	我想搵一件...	我 想 找 一 件 ... wǒ xiǎng zhǎo yī jiàn
– grande	– 大嘅	– 大 的 dà de
– economico/a	– 平嘅	– 便 宜 的 pián yí de
– scuro/a	– 沉色嘅	– 顏 色 深 的 yán sè shēn de
Non voglio spendere molto	我唔想用太多錢	我 不 想 花 太 多 錢 wǒ bù xiǎng huā tài duō qián
Vorrei quello più caro che avete	我想要最貴嘅	我 想 要 最 貴 的 wǒ xiǎng yào zuì guì de
Avete qualcosa di ...?	你哋有無...？	你 們 有 沒 有...？ nǐ mén yǒu méi yǒu
– meno caro	– 平啲嘅	– 便 宜 點 的 pián yí diǎnr de
– più grande	– 大啲嘅	– 大 一 點 的 dà yī diǎnr de
– più piccolo	– 細啲嘅	– 小 一 點 的 xiǎo yī diǎnr de
Quanto viene?	幾多錢？	多 少 錢？ duō shǎo qián
Non capisco	我唔明白	我 不 明 白 wǒ bù míng bai

Italiano	廣東話	普通話
Me lo può scrivere?	你可唔可以寫低？	你 可 不 可 以 寫 下 來？ nǐ kě bù kě yǐ xiě xià lái
Non voglio spendere più di...	我唔想用多過...（價錢）	我 不 想 用 多 於 ...（價錢） wǒ bù xiǎng yòng duō yú
Non è esattamente quello che cerco	呢個唔係我想搵嘅	這 個 不 是 我 想 找 的 zhè ge bù shì wǒ xiǎng zhǎo de
Non mi piace molto	我唔係幾鍾意	我 不 是 太 喜 歡 wǒ bù shì tài xǐ huān
Lo/la prendo	我要呢個	我 要 這 個 wǒ yào zhè ge
Me lo/la può far avere?	你可唔可以幫我訂呢個？	你 可 不 可 以 替 我 nǐ kě bù kě yǐ tì wǒ 預 訂 這 個？ yù dìng zhè ge
Quanto tempo devo aspettare?	要等幾耐？	要 等 多 久？ yào děng duō jiǔ
Biancheria intima 內衣		CH06_03
Sto cercando il reparto biancheria intima	請問（女）內衣部喺邊度？	請 問 （女） 內 衣 部 在 qǐng wèn nèi yī bù zài 哪 兒？ nǎr
Un reggiseno	胸圍	胸 圍 xiōng wéi
Un corsetto	胸托	胸 托 xiōng tuō

Italiano	廣東話	普通話
Il reggiseno è un po' stretto	呢個胸圍太細	這個胸圍太小 zhè ge xiōng wéi tài xiǎo
Un body	全身內衣	全身內衣 quán shēn nèi yī
Una mutandina	內褲	內褲 nèi kù
Panty	襪褲	襪褲 wà kù
Mi può consigliare?	你畀啲意見我?	你給我一些建議好嗎? nǐ gěi wǒ yī xiē jiàn yì hǎo ma
Ha lo stesso (m)/la stessa (f) di un altro colore?	同一款有無第二隻顏色?	這款有沒有其他顏色? zhè kuǎn yǒu méi yǒu qí tā yán sè
Avete taglie piccole/grandi?	有無細碼/大碼?	有小號/大號嗎? yǒu xiǎo hào/ dà hào ma
Dov'è il camerino?	試身室喺邊度?	試衣室在哪裏? shì yī shì zài nǎ lǐ
Una maglietta	背心	背心 bèi xīn
Uno slip	三角內褲	三角內褲 sān jiǎo nèi kù

Italiano	廣東話	普通話
Un boxer	孖煙囪	平 腳 內 褲 píng jiǎo nèi kù
Apparecchi elettronici 電子產品		CH06_04
Fotocamera digitale	數碼相機	數 碼 相 機 shù mǎ xiàng jī
Riproduttore di MP3 / Lettore MP3	MP3 機	MP3 播 放 器 / MP3 隨 身 聽 bō fàng qì suí shēn tīng
Cellulare	手提電話	手 機 shǒu jī
Riproduttore di CD / Lettore CD	CD 機	CD 播 放 器 / CD 隨 身 聽 bō fàng qì suí shēn tīng
Televisione LCD / Televisione a schermo piatto	LCD 電視	LCD 平 板 電 視 píng bǎn diàn shì
Riproduttore di DVD / Lettore DVD	DVD 機	DVD 播 放 器 bō fàng qì
Scheda di memoria	記憶卡	記 憶 卡 jì yì kǎ
Agenda elettronica / Palmare	PDA / 電子手帳	PDA / 掌 上 電 腦 zhǎng shàng diàn nǎo
Computer PC / Apple Mac	個人電腦 / Mac 機 (蘋果電腦)	個 人 電 腦 / 蘋 果 電 腦 gè rén diàn nǎo píng guǒ diàn nǎo
Computer portatile	手提電腦	手 提 電 腦 shǒu tí diàn nǎo

Italiano	廣東話	普通話
Stampante	打印機	打 印 機 dǎ yìn jī
Tablet PC	平板電腦	平 板 電 腦 píng bǎn diàn nǎo
Banda larga	寬頻	寬 帶 kuān dài
Blu-Ray disc	藍光光碟	藍 光 光 盤 lán guāng guāng pán
Alta definizione	高清	高 清 gāo qīng
Televisione ad alta definizione	高清電視	高 清 電 視 gāo qīng diàn shì
Email / messaggio SMS / MMS	電郵 / 手機短訊 / 多媒體訊息	電 郵 / 手 機 短 訊 / 多 媒 diàn yóu shǒu jī duǎn xùn duō méi 體 訊 息 tǐ xùn xī
Mailbox	電子郵箱	電 子 郵 箱 diàn zi yóu xiāng
Nome utente	用戶名	用 戶 名 yòng hù míng
Password	密碼	密 碼 mì mǎ
Messaggio	內容 / 訊息	內 容 / 訊 息 nèi róng xùn xī

Italiano	廣東話	普通話
File allegato	附加文件	附 加 文 件 fù jiā wén jiàn
Invio /ricezione	寄出／收件	寄 出／收 件 jì chū shōu jiàn
Chat	聊天室	聊 天 室 liáo tiān shì
Messaggio vocale	語音訊息	語 音 訊 息 yǔ yīn xùn xī
Wifi / Bluetooth	無線電腦網絡／藍芽	無 線 電 腦 網 絡／藍 芽 wú xiàn diàn nǎo wǎng luò lán yá
Videogiochi	電子遊戲	電 子 遊 戲 diàn zi yóu xì
Pagamenti 畀錢／付款		CH06_05
Sono ... euro/dollari/yuan	總共...(價錢)歐羅／蚊／人民幣	一 共 ...(價錢) 歐 元／港 元／ yī gòng ōu yuán gǎng yuán 人 民 幣 rén mín bì
La cassa è lì	收銀處喺嗰邊	收 銀 處 在 那 邊 shōu yín chù zài nà biān
Scusi, dove posso pagare?	唔好意思，我可以喺邊度畀錢？	不 好 意 思 ， 我 可 bù hǎo yì si wǒ kě 以 在 哪 兒 付 款？ yǐ zài nǎr fù kuǎn

Italiano	廣東話	普通話
Posso pagare con carta di credito?	可唔可以用信用卡？	可不可以使用信用卡？ kě bù kě yǐ shǐ yòng xìn yòng kǎ
Mi sembra che si sia sbagliato con il conto	我諗你計錯數	我想你弄錯了價錢 wǒ xiǎng nǐ nòng cuò le jià qián
Vuole qualcos'altro?	你仲有無其他嘢想要？	你還需不需要其他東西？ nǐ hái xū bù xū yào qí tā dōng xi
No, nient'altro, grazie	無其他嘢想要啦，唔該	沒有了，謝謝 méi yǒu le xiè xie
Sì, vorrei...	有，我仲想要...	有，我還想要... yǒu wǒ hái xiǎng yào
Mi può far vedere..?	你可唔可以拎...畀我睇？	你可不可以拿...給我看看? nǐ kě bù kě yǐ ná gěi wǒ kàn kan
Me lo può impacchettare?	可唔可以幫我包起佢？	可不可以替我把它包裝一下？ kě bù kě yǐ tì wǒ bǎ tā bào zhuāng yī xià
Mi può fare una confezione regalo?	可唔可以包靚佢？	可不可以把它包裝得美觀一點？ kě bù kě yǐ bǎ tā bāo zhuāng de měi guān yī diǎnr

Italiano	廣東話	普通話
Mi può dare una busta di plastica, per favore?	唔該畀個袋我	請 給 我 一 個 袋 子 qǐng gěi wǒ yī ge dài zi
Me lo/la può far avere?	可唔可以幫我換過?	可 不 可 以 替 我 更 換? kě bù kě yǐ tì wǒ gēng huàn
Vorrei restituire questo	我想退咗佢	我 需 要 退 貨 wǒ xū yào tuì huò
Vorrei che mi restituiste i soldi	我想退番錢	我 想 退 款 wǒ xiǎng tuì kuǎn
Ecco la ricevuta	呢張係你嘅收據	這 是 你 的 收 據 zhè shì nǐ de shōu jù
Mi dispiace, ho perso la ricevuta	唔好意思,我唔見咗張收據	不 好 意 思 , 我 丟 失 bù hǎo yì si wǒ diū shī 了 我 的 收 據 le wǒ de shōu jù
Al supermercato 喺超級市場 / 在超級市場		CH06_06
Un carrello	手推車	手 推 車 shǒu tuī chē
Un cestino	袋	袋 子 dài zi
La cassa / Un cassiere (m) / Una cassiera (f)	收銀機 / 收銀員	收 銀 機 / 收 銀 員 shōu yín jī shōu yín yuán
Scusi, ho bisogno di un'informazione...	唔好意思,我想問啲嘢	不 好 意 思 , 我 想 bù hǎo yì si wǒ xiǎng 請 教 些 事 情 qǐng jiào xiē shì qíng

Italiano	廣東話	普通話
Dov'è (s) /Dove sono..? (p)	邊度有...?	我 在 哪 裏 可 以 找 到 ... ? wǒ zài nǎ li kě yǐ zhǎo dào
– i biscotti	– 餅乾	– 餅 乾 bǐng gān
– il pane	– 麵包	– 麵 包 miàn bāo
– il burro	– 牛油	– 黃 油 huáng yóu
– il formaggio	– 芝士	– 奶 酪 nǎi lào
– il riso	– 米	– 米 mǐ
– il sale	– 鹽	– 鹽 yán
– la salsa di soia	– 醬油	– 醬 油 jiàng yóu
– lo zucchero	– 糖（調味用） （粵音第四聲）	– 糖（調味用） táng
– le caramelle	– 糖（零食） （粵音第五聲）	– 糖 果（零食） táng guǒ
– il tè	– 茶	– 茶 chá
– i prodotti in scatola	– 素菜包	– 素 菜 包 sù cài bāo
– il cioccolato	– 朱古力	– 巧 克 力 qiǎo kè lì
– il caffè	– 咖啡	– 咖 啡 kā fēi
– l'olio	– 油	– 油 yóu
– l'olio di mais	– 粟米油	– 玉 米 油 yù mǐ yóu
– il pesce fresco	– 鮮魚	– 鮮 魚 xiān yú
– le uova (p)	– 雞蛋	– 雞 蛋 jī dàn

Italiano	廣東話	普通話
– il cibo congelato	一 冷藏食物	一 冷 凍 食 物 lěng dòng shí wù
– la frutta	一 生果	一 水 果 shuǐ guǒ
– i succhi di frutta (p)	一 果汁	一 果 汁 guǒ zhī
– la marmellata	一 果醬	一 果 醬 guǒ jiàng
– la carne	一 肉	一 肉 ròu
– il latte	一 奶	一 奶 nǎi
– la pasta	一 意大利麵	一 意 大 利 麵 yì dà lì miàn
– le verdure (p)	一 蔬菜	一 蔬 菜 shū cài
– l'aceto	一 醋	一 醋 cù
– il vino	一 酒	一 酒 jiǔ
– lo yogurt	一 乳酪	一 乳 酪 rǔ lào
– le fette biscottate (p)	一 多士	一 乾 麵 包 片 gān miàn bāo piàn
Lavanderia 洗衣店		CH06_07
Dov'è la lavanderia più vicina?	最近邊度有洗衣舖？	最 近 的 洗 衣 店 在 哪？ zuì jìn de xǐ yī diàn zài nǎr
Vorrei ... questa roba	我想…呢啲衫	我 想 … 這 些 衣 服 wǒ xiǎng zhè xiē yī fu
– lavare a secco	一 乾洗	一 乾 洗 gān xǐ
– stirare	一 淥	一 熨 yùn
– lavare	一 濕洗	一 濕 洗 shī xǐ

Italiano	廣東話	普通話
Quando sarà pronta?	幾時攞得？	甚麼時候可以拿回？ shén me shí hòu kě yǐ ná huí
Ne ho bisogno...	我想 ... 要	我希望 ... 拿回 wǒ xī wàng ná huí
– oggi	– 今日	– 今天 jīn tiān
– stasera	– 今晚	– 今晚 jīn wǎn
– domani	– 聽日	– 明天 míng tiān
– prima di venerdì	– 星期五前	– 星期五前 xīng qī wǔ qián
Mi possono...?	你可唔可以幫我 ... ？	可不可以幫我 ... ？ kě bù kě yǐ bāng wǒ
– rammendare	– 整番好	– 把它修理好 bǎ tā xiū lǐ hǎo
– cucire	– 補番好	– 修補好 xiū bǔ hǎo
Mi possono cucire questo bottone?	你可唔可以幫我釘番粒鈕？	你可不可以幫我把鈕扣釘上？ nǐ kě bù kě yǐ bāng wǒ bǎ niǔ kòu dìng shàng
Questo non è mio	呢件唔係我嘅	這件不是我的 zhè jiàn bù shì wǒ de
Manca un capo	少咗一件	少了一件 shǎo le yī jiàn
Qui c'è un buco!	呢度有個窿！	這裏有個洞！ zhè lǐ yǒu ge dòng

Italiano	廣東話	普通話
La mia roba è pronta?	我啲衫得未?	我 的 衣 服 可 以 拿 回 了 嗎? wǒ de yī fú kě yǐ ná huí le ma
Non parlo bene italiano	我唔係好識講意大利文	我 不 太 會 説 意 大 利 語 wǒ bù tài huì shuō yì dà lì yǔ
Dal barbiere 髮型屋 / 理髮店		CH06_08
Ho fretta	我趕時間	我 趕 時 間 wǒ gǎn shí jiān
Taglio e sciampo?	剪頭髮同洗頭?	剪 頭 髮 和 洗 頭? jiǎn tóu fà hé xǐ tóu
Ha qualche rivista?	你哋有無雜誌?	你 們 有 沒 有 雜 誌? nǐ men yěu méi yǒu zá zhì
Vorrei tagliarmi i capelli	我想剪頭髮	我 想 剪 頭 髮 wǒ xiǎng jiǎn tóu fà
Mi pettino da solo	我自己梳頭	我 自 己 梳 頭 wǒ zì jǐ shū tóu
Non molto corti, per favore	唔好剪咁短，唔該	請 不 要 剪 太 短 qǐng bù yào jiǎn tài duǎn
Solamente con le forbici	淨係用鉸剪	只 用 剪 刀 zhǐ yòng jiǎn dāo
Mi voglio tingere i capelli	我想染髮	我 想 染 頭 髮 wǒ xiǎng rǎn tóu fà

Italiano	廣東話	普通話
Che colore preferisce?	你想染乜嘢色？	你想染甚麼顏色？ nǐ xiǎng rǎn shén me yán sè
Mi può far vedere i colori che ci sono?	有無版畀我睇下？	你有沒有樣版給 nǐ yǒu méi yǒu yàng bǎn gěi 我看看？ wǒ kàn kan
Un taglio con la macchinetta	鏟青	鏟青 chǎn qīng
Un po' più corti da questa parte, per favore	呢度再剪短少少，唔該	請在這兒再剪短 qǐng zài zhèr zài jiǎn duǎn 一些 yī xiē
Le metto un po' di gel?	你要唔要落啲 gel？	你要用定型髮膠嗎？ nǐ yào yòng dìng xíng fà jiāo ma
Grazie	唔該晒	謝謝 xiè xie
Sta molto bene	剪得好好	剪得很好 jiǎn de hěn hǎo
Quant'è?	幾多錢呀？	多少錢？ duō shǎo qián

Al salone di bellezza 美容院

CH06_09

Italiano	廣東話	普通話
C'è un salone di bellezza da queste parti?	呢度附近有無美容院呀？	這裏附近有沒有 zhè lǐ fù jìn yǒu méi yǒu 美容院？ měi róng yuàn

Italiano	廣東話	普通話
Posso prendere appuntamento per questo pomeriggio?	我可唔可以約今日下晝？	我可不可以預約今天下午？ wǒ kě bù kě yǐ yù yuē jīn tiān xià wǔ
Che cosa mi consiglia?	你有乜嘢意見？	你有甚麼建議？ nǐ yǒu shén me jiàn yì
Massaggio del corpo/del viso	按摩／面部按摩	按摩／面部按摩 àn mó miàn bù àn mó
Manicure / pedicure	修手甲／腳甲	修指甲／腳甲 xiū zhǐ jiǎ jiǎo jiǎ
Che tipo di servizi/trattamenti avete?	有無套票？	請問有沒有套票？ qǐng wèn yǒu méi yǒu tào piào
Si possono anche fare la manicure e pedicure?	你哋有無修手／腳甲服務？	你們有修手／腳甲服務嗎？ nǐ men yǒu xiū shǒu / jiǎo jiǎ fú wù ma
Manicure francese	法式修甲	法式修甲 fǎ shì xiū jiǎ
Che colori di smalto avete?	你哋有乜嘢色嘅甲油？	你們有甚麼顏色的甲油? nǐ men yǒu shén me yán sè de jiǎ yóu
Ho un buono hotel con diritto a sconto	我有酒店嘅優惠券，可以有折	我有酒店的優惠券，可以打折 wǒ yǒu jiǔ diàn de yōu huì quàn kě yǐ dǎ zhé

Italiano	廣東話	普通話
Riflessologia plantare	腳底按摩	腳 底 按 摩 jiǎo dǐ àn mo
Crema per massaggio del viso	面部護理	面 部 護 理 miàn bù hù lǐ
Depilazione	脱毛	脱 毛 tuō máo
– delle gambe	– 腳部	– 腳 部 jiǎo bù
– del viso	– 面部	– 面 部 miàn bù
– delle ascelle	– 腋下	– 腋 下 yè xià
– bikini	– 比堅尼	– 比 基 尼 bǐ jī ní
Massaggio tailandese	泰式按摩	泰 式 按 摩 tài shì àn mó
Massaggio Shiatsu/tradizionale giapponese	傳統日式按摩	傳 統 日 式 按 摩 chuán tǒng rì shì àn mó
Pulizia delle orecchie con candela	耳燭	耳 燭 ěr zhú
Trattamento del controllo degli occhi	眼部護理	眼 部 護 理 yǎn bù hù lǐ
Benvenuto/a!	歡迎光臨！	歡 迎 光 臨 ！ huān yíng guāng lín

Italiano	廣東話	普通話
Vorrei una stanza tranquilla	我要間靜啲嘅房	我 要 安 靜 點 的 房 間 wǒ yào ān jìng diǎn de fáng jiān
Questa musica è molto rilassante	呢度啲音樂好輕鬆	這 音 樂 很 令 人 放 鬆 zhè yīn yuè hěn ling rén fàng sōng
Per cortesia, scelga l'incenso	請揀香薰	請 選 擇 香 薰 qǐng xuǎn zé xiāng xūn
Non prema troppo forte, per favore	唔好㩒得太大力	請 不 要 按 得 太 重 qǐng bù yào àn de tài zhòng
Mi massaggi di più la schiena e le gambe, per favore	背脊／腳可以按耐啲	背 部／腳 請 多 按 點 bèi bù jiǎo qǐng duō àn diǎn
Attenzione alle ginocchia/alle caviglie	小心我個膝頭／腳踭	小 心 我 的 膝 蓋／腳 跟 xiǎo xīn wǒ de xī gài jiǎo gēn
È allergico/a a qualche prodotto?	你有無對乜嘢產品有敏感？	你 對 甚 麼 產 品 有 nǐ duì shén me chǎn pǐn yǒu 敏 感 嗎？ mǐn gǎn ma?
Mi fa male	好痛	好 痛 hǎo tòng
Può abbassare un po' la musica?	你可唔可以校細啲音樂？	你 可 以 把 音 樂 開 輕 nǐ kě yǐ bǎ yīn yuè kāi qīng 點 嗎？ diǎn ma?
C'è troppa luce	太光啦	太 亮 了 tài liàng le

Italiano	廣東話	普通話
Può togliersi i vestiti	你可以除咗啲衫先	你 可 以 先 脱 下 衣 服 nǐ kě yǐ xiān tuō xià yī fu
Si giri	轉身	轉 身 zhuàn shēn
Ecco gli asciugamani e l'accappatoio	呢度有毛巾同浴袍	這 裏 有 毛 巾 和 浴 袍 zhè lǐ yǒu máo jīn hé yù páo
Sauna	桑拿	桑 拿 sāng ná
Bagno turco	蒸氣浴	蒸 氣 浴 zhēng qì yù
Una doccia	花灑浴	淋 浴 lín yù
Una piscina	泳池	游 泳 池 yóu yǒng chí
Palestra	健身室	健 身 房 jiàn shēn fáng
Bibite energetiche	能量飲品	能 量 飲 料 néng liàng yǐn liào
Bibite con proteine	蛋白質飲品	蛋 白 質 飲 料 dàn bái zhì yǐn liào

理髮

男士

剪髮	€15,00 起

女士

剪髮 + 吹髮	€32,00 起
染髮 + 洗髮 + 剪髮 + 吹髮	€26,00 起
燙髮 + 洗髮 + 剪髮 + 吹髮	€36,00 起
曲髮 + 洗髮 + 剪髮 + 吹髮	€46,00 起

開放時間/ 購物提示

意大利的商舖會考慮到員工的午膳需要，因此每日的營業時間通常是 9 am– 1 pm，以及 3:30/4 pm–7:30/8 pm。不過大城市和旅遊區的商店通常都會由 9:30 am 營業至 7:30 pm，視乎該地商舖的習慣。各城鎮可見的百貨公司如 La Rinascente、Coin 的營業時間都是 9:30 am–7:30pm。

旅客要購買商品，有幾類非常好的選擇：男女裝衣物（裙、鞋、手套、絲質領帶、恤衫）、喱士工藝品、珠寶、皮製商品（皮袋、皮盒、手提及行李箱）、陶器、金銀器、雪花膏、木雕工藝品、草製品、刺繡、玻璃，還有水晶飾品。

銀行服務

在意大利，一般銀行的營業時間為星期一至五 8:30 am–1:35 pm 及 3:00 pm–4:00 pm（這一小時的營業時間視乎不同銀行的習慣而有所延長或縮短）；旅遊區的銀行則由 8:30 am 營業至 4:00 pm。不過所有銀行在星期六、日及公眾假期都會休息。旅客可在大部分酒店、店舖及主要鐵路站或機場的外幣兌換店兌換支票。

意大利的自動櫃員機（ATM）稱作 Bancomat。Bancomat 在大城市隨處可見，甚至在一些小城鎮也不難找到。它的運作就如香港的自動櫃員機；在交易之前，顧客可選擇適用語言。

日常生活消費價格

在意大利，貨品的價格是自由訂定的，但商人一定會清楚標明價錢。此外，貨品的價格也隨着不同品牌和不同地方的價格而有很大的分別。一般來說，省內的日常生活這裏列出的歐元為單位並非準確的官方價格，只作參考。

食物	價格	
牛油（250克）	€1,28	起
Parmigiano 芝士	€1,78	起
牛奶（1公升）	€0,80	起
純乳酪（4杯）	€0,64	起
咖啡（250克）	€0,91–€2,51	
茶（25包）	€1,46	起
黑/白朱古力（100克）	€0,87	起
果醬（400克）	€0,80–€1,25	
麵粉（1公斤）	€0,75	起
砂糖（1公斤）	€1,40	起
向日葵油（1公升）	€1,17	起
麵條（500克）	€0,86	起
米（1公斤）	€0,76–€3,00	
雞蛋（6隻）	€1,44	起
熟火腿（1公斤）	€10,00	起
牛肉（1公斤）	€12,35	起
豬肉（1公斤）	€7,50	起
香蕉（1公斤）	€2,00	起
梨（1公斤）	€2,27	起
蘋果（1公斤）	€2,70	起
橙（1公斤）	€2,00	起
蘿蔔（1公斤）	€1,44	起
薯仔（1公斤）	€1,20	起
沙律（一份）	€1,49	起
番茄（1公斤）	€2,27	起
啤酒（6X25 毫升）	€2,46–€4,10	
可口可樂（6X33 毫升）	€2,30	起
礦泉水（1.5 公升）	€0,15–€0,79	
橙汁（1 公升）	€0,53–€2,25	
酒（75 毫升）	€2,00–€4,00	
酒（DOC）（75 毫升）	€4,00	起

日常生活消費價格

衛生用品	價格	
牙膏（250 毫升）	€1,44	起
肥皂（125 克）	€0,53	起
洗頭水（400 毫升）	€2,16	起
清潔劑（1 公斤）	€3,28	起
衛生棉條（20 條裝）	€2,94	起
避孕套（12 個裝）	€2,50–€6,00	

消遣或遊覽	價格	
電影（戲票）	€5,00–€9,00	
名勝古跡博物館參觀許可證		
1天	€15,00	
3天	€30,00	
5天	€45,00	
乘搭塞納河觀光船		
成人	€7,00	起
小童（12歲以下）	€3,00	起

住宿	價格	
1星級酒店	€25,97	左右
2星級酒店	€58,56	左右
3星級酒店	€85,00	左右
4星級酒店	€175,94	左右

其他	價格	
郵票（一般意大利和歐洲郵費）	€0,46	起
明信片	€0,76	起
電話卡（50 單位）	€7,40	起
電話卡（120 單位）	€14,75	起
香煙	€3,50	起

意大利品牌

Alessandro Dell' Acqua
Armani
Blumarine
Bulgari
Canali
Diesel
Dsquared
Etro
Gianfranco Ferrè
Laura Bagiotti
Missoni
Moschino Franco
Roberto Cavalli
Tod's
Versace
Alberta Ferretti
Benetton
Bottega Veneta
Bruno Magli
Constume National
Dolce e Gabbana (D&G)
Ermenegildo Zegna
Fendi
Gucci
Max Mara
Miu Miu
Prada
Salvatore Ferragamo
Valentino

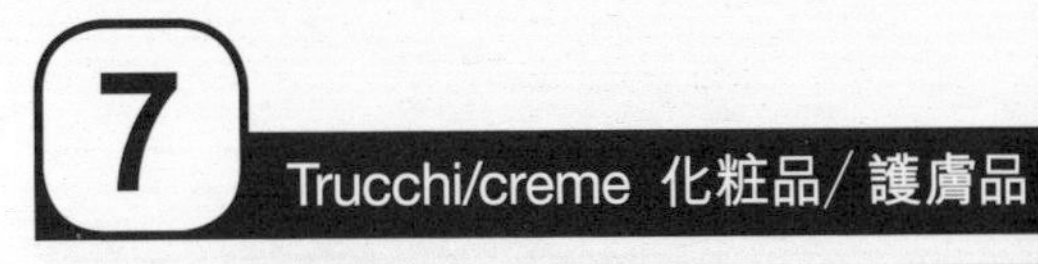

7 Trucchi/creme 化粧品/護膚品

Italiano	廣東話	普通話
Per gli occhi 眼部		CH07_01
Fondotinta	眼影	眼 影 yǎn yǐng
Pennello	眉掃	畫 眉 刷 huà méi shuā
Antiborse	遮瑕膏	遮 瑕 膏 zhē xiá gāo
Mascara	睫毛液	睫 毛 液 jié máo yè
Matita per gli occhi	眼線筆	眼 線 筆 yǎn xiàn bǐ
Per le guance 面部		CH07_02
Fard	胭脂	胭 脂 yān zhī
Per le labbra 唇		CH07_03
Rossetto	唇膏	口 紅 kǒu hóng
Matita per le labbra	唇彩	唇 彩 chún cǎi
Per le ciglia 眉毛		CH07_04
Matita per le ciglia	眉筆	眉 筆 méi bǐ

Italiano	廣東話	普通話
Per le unghie 指甲		CH07_05
Smalto	指甲油	指 甲 油 zhǐ jiǎ yóu
Gel	定甲油	定 甲 油 dìng jiǎ yóu
Acetone	洗甲水	洗 甲 水 xǐ jiǎ shuǐ
Cosmetici per uomo/donna 男/女護膚用品		CH07_06
Profumo	香水	香 水 xiāng shuǐ
Crema	乳液	乳 霜 rǔ shuāng
Olio	油	油 yóu
Crema desquamante	磨沙膏	磨 沙 膏 mó shā gāo
Sciampo	洗頭水	洗 髮 露 xǐ fà lù
Sapone	番梘	肥 皂 féi zào
Crema per la doccia / bagno schiuma	沖涼液	沐 浴 露 mù yù lù
Deodorante	香體液	香 體 液 xiāng tǐ yè
Dopobarba	鬚後水	修 臉 潤 膚 露 xiū liǎn rùn fū lù
Crema idratante	保濕乳液	保 濕 乳 液 bǎo shī rǔ yè

Italiano	廣東話	普通話
Crema struccante	落妝液	卸妝液 xiè zhuāng yè
Crema per il giorno/per la notte	日／晚間護膚用品	日/晚間護膚用品 rì / wǎn jiān hù fū yòng pǐn
Crema antinvecchiamento	抗衰老護膚用品	抗衰老護膚用品 kàng shuāi lǎo hù fū yòng pǐn
Cipria	美白產品	美白產品 měi bái chǎn pǐn

8 Trasporti 交通

Italiano	廣東話	普通話
Taxi 的士 / 出租車		CH08_01
Taxi	的士	出租車 chū zū chē
Dove andiamo?	去邊呀？	去哪？ qù nǎ
All'aeroporto, per favore	去機場吖，唔該	請去機場 qǐng qù jī chǎng
A questo indirizzo	去呢個地址	去這個地址 qù zhè gè dì zhǐ
Mi porti a quest'hotel	車我去呢間酒店	載我去這間酒店 zài wǒ qù zhè jiān jiǔ diàn
Vorrei andare in una zona commerciale	我想去購物區	我想去購物區 wǒ xiǎng qù gòu wù qū
Sa dove ci sono bar o discoteche?	你知唔知邊度有酒吧或者disco?	你知不知道哪裏有酒吧或者迪斯科？ nǐ zhī bù zhī dào nǎ lǐ yǒu jiǔ bā huò zhě dí sī kē
Vorrei fare un giro per la città	我想遊覽下呢個城市	我想遊覽一下這個城市 wǒ xiǎng yóu lǎn yī xià zhè ge chéng shì

Italiano	廣東話	普通話
Faccia il tragitto più corto/ veloce	行條短啲嘅路／快啲嘅路	走 近 的 路／快 些 的 路 zǒu jìn de lù kuài xiē de lù
A sinistra / a destra	轉左／轉右	向 左 轉／向 右 轉 xiàng zuó zhuǎng xiàng yòu zhuǎng
Sempre dritto	直去	直 走 zhí zǒu
Mi aspetti qui, per favore	喺呢度等我，唔該	請 在 這 裏 等 我 qǐng zài zhè lǐ děng wǒ
Non mi posso fermare qui	我唔可以喺度停	我 不 能 在 這 裏 停 車 wǒ bù néng zài zhè lǐ tíng chē
Si fermi qui	喺度停啦	在 這 裏 停 下 zài zhè lǐ tíng xià
Sono cinquanta (50) euro/ dollari/yuan	50歐羅／蚊／人民幣	50 歐 元／港 元／人 民 幣 ōu yuán gǎng yuán rén mín bì
Tenga il resto	唔駛找	不 用 找 了 bù yòng zhǎo le
Può andare più piano?	你可唔可以揸慢啲呀？	你 可 不 可 以 開 慢 點？ nǐ kě bù kě yǐ kāi màn diǎnr

Italiano	廣東話	普通話
Può andare più veloce?	你可唔可以揸快少少呀？	你可不可以開快點？ nǐ kě bù kě yǐ kāi kuài dianr
Arrivo tardi	我遲到啦	我遲到了 wǒ chí dào le
Ho fretta. Ho un appuntamento importante	我趕時間，我有個好重要嘅約會	我很急，我有一個很重要的約會 wǒ hěn jí wǒ yǒu yī gè hěn zhòng yào de yuē huì
Autobus 巴士 / 公車		CH08_02
Prendiamo l'autobus?	我哋搭巴士吖？	我們坐公車嗎？ wǒ men zuò gōng chē ma
Dove posso prendere l'autobus numero …?	我可以喺邊度搭到 …(路線編號) 號巴士？	我在哪裏可以坐 …(路線編號) 號公車？ wǒ zài nǎ lǐ kě yǐ zuò hào gōng chē
Scusi quest'autobus va …?	唔好意思，呢架巴士係咪去 …？	對不起，這輛公車是不是去 …？ duì bù qǐ zhè liàng gōng chē shì bù shì qù
– al centro	– 市中心	– 市中心 shì zhōng xīn
– all'università	– 大學	– 大學 dà xué
Sì, aspetti qui	係呀，喺呢度等啦	是呀，在這裏等 shì ya zài zhè lǐ děng

Italiano	廣東話	普通話
La destinazione è indicata sull'autobus	目的地寫咗喺度	目 的 地 已 寫 在 這 兒 mù dì dì yǐ xiě zài zhèr
A che ora è l'ultimo autobus?	最後一班車喺幾多點？	最 後 一 班 車 在 甚 麼 zuì hòu yī bān chē zài shén me 時 侯 開 出？ shí hòu kāi chū
Quanto si paga?	要畀幾多錢？	車 票 多 少 錢？ chē piào duō shǎo qián
Dove posso fare i biglietti?	我可以喺邊度買到飛？	我 可 以 在 哪 裏 買 wǒ kě yǐ zài nǎ lǐ mǎi 車 票？ chē piào
Scusi. Credo che si sia sbagliato	唔好意思，我諗你搞錯咗	不 好 意 思 ， 我 想 bù hǎo yì sī wǒ xiǎng 你 搞 錯 了 nǐ gǎo cuò le
(All'autista) Scusi, può dirmi dove devo scendere?	(同司機講)唔好意思，你可唔可以話我知喺邊度落車？	(跟司機說) 不 好 意 思 ， bù hǎo yì sī 你 可 以 告 訴 我 在 nǐ kě yǐ gào sù wǒ zài 哪 裏 下 車 嗎？ nǎ lǐ xià chē ma
Conservi il biglietto per eventuali controlli	保留車飛以備查驗	保 留 車 票 bǎo liú chē piào 以 備 檢 查 yǐ bèi jiǎn chá

Italiano	廣東話	普通話
Non ho il resto	我無散紙	我 沒 有 零 錢 wǒ méi yǒu líng qián
Scenda qui	你喺呢度落車	你 在 這 裏 下 車 nǐ zài zhè lǐ xià chē
Dovrà scendere fra poco	你就快落車啦	你 快 要 下 車 nǐ kuài yào xià chē
Vorrei andare a/al/alla...	我想去...	我 想 去 ... wǒ xiǎng qù
È lontano da qui?	啯度離呢度遠唔遠架?	那 裏 離 這 裏 遠 不 遠? nà lǐ lí zhè lǐ yuǎn bù yuǎn
Si fermi!	停車!	停 車! tíng chē
Perché ci fermiamo?	點解喺度停嘅?	為 甚 麼 在 這 裏 停? wèi shén me zài zhè lǐ tíng
Qual'è il problema?	有咩問題呀?	有 甚 麼 問 題? yǒu shén me wèn tí
Posso aprire il finestrino?	我可唔可以開窗?	我 可 不 可 以 開 窗? wǒ kě bù kě yǐ kāi chuāng
Può chiudere il finestrino, per favore?	唔該,你可唔可以閂咗個窗?	對 不 起, 你 可 不 可 以 關 上 那 個 窗? duì bù qǐ nǐ kě bù kě yǐ guān shàng nà ge chuāng

Italiano	廣東話	普通話
Affitto macchine 租車		CH08_03
Vorrei affittare una macchina	我想租架車	我 想 租 一 輛 車 wǒ xiǎng zū yī liàng chē
Ho bisogno di una macchina per quattro (4)/cinque (5) persone	我想租一部4人/5人嘅車	我 想 租 一 輛 4 人/5 人 車 wǒ xiǎng zū yī liàng sì rén wǔ rén chē
L'affitto per tre (3) giorni/una (1) settimana	我想租3日/一個禮拜	我 想 租 3 天/一 個 星 期 wǒ xiǎng zū sān tiān yī ge xīng qī
Vorrei una macchina automatica	我想要一部自動波嘅車	我 想 要 一 輛 自 動 檔 的 車 wǒ xiǎng yào yī liàng zì dòng dǎng de chē
Quanto costa ...?	租...幾多錢?	租 ... 多 少 錢? zū duō shǎo qián
– al giorno	– 一日	– 一 天 yī tiān
– a chilometro	– 一公里	– 一 公 里 yī gōng lǐ
Quant'è il deposito?	按金要幾多錢呀?	保 證 金 多 少 錢? bǎo zhèng jīn duō shǎo qián
Quant'è l'assicurazione?	保險要幾多錢呀?	保 險 要 多 少 錢? báo xiǎn yào duō shǎo qián
Di che documenti hanno bisogno?	我需要畀咩證件呀?	我 需 要 提 供 甚 麼 證 件? wǒ xū yào tí gōng shèn me zhèng jiàn

Italiano	廣東話	普通話
Ha una cartina della città?	你有無呢個城市嘅地圖?	你有這城市的地圖嗎? nǐ yǒu zhè chéngshì de dì tú ma
Dov'è la stazione di servizio più vicina?	請問最近嘅油站喺邊?	請問最近的油站在哪裏? qǐng wèn zuì jìn de yóu zhàn zài nǎ lǐ
Quanto costa al litro?	一公升汽油幾多錢?	一公升汽油多少錢? yī gōng shēng qì yóu duō shǎo qián
Il pieno, per favore	入滿佢吖唔該	請加滿油 qǐng jiā mǎn yóu
Benzina super o senza piombo da 95/98 ottani?	超勁、超級定係無鉛汽油?	超勁、超級還是無鉛汽油? chāo jìn chāo jí hái shì wú qiān qì yóu
Può controllare...	你可唔可以檢查下...?	你可不可以檢查一下...? ní kě bù kě yǐ jiǎn chá yí xià
– il livello dell'acqua	– 水箱	– 水箱 shuǐ xiāng
– il radiatore	– 散熱器	– 散熱器 sàn rè qì
– il livello dell'olio	– 夠唔夠油	– 夠不夠油 gòu bù gòu yóu
– la batteria	– 電池	– 電池 diàn chí
– i freni	– 煞車掣	– 煞車掣 shā chē zhì

Italiano	廣東話	普通話
– il carburatore	– 化油缸	– 化 油 缸 huà yóu gāng
– il climatizzatore	– 冷氣機	– 空 調 kōng tiáo
– i pedali	– 腳掣	– 踏 板 tà bǎn
– il cambio	– 驅動器	– 驅 動 器 qū dòng qì
– il serbatoio della benzina	– 油箱	– 油 箱 yóu xiāng
– lo starter	– 火咀	– 阻 塞 門 zǔ sāi mén
– la ruota di scorta	– 士啤呔	– 後 備 車 胎 hòu bèi chē tāi
Metropolitana 地鐵		CH08_04
C'è la metropolitana a Roma/ Milano/Hong Kong/Pechino?	羅馬／米蘭／香港／北京有無地鐵？	羅 馬 /米 蘭 /香 港 / luó mǎ mǐ lán xiāng gǎng 北 京 有 沒 有 地 鐵? běi jīng yǒu méi yǒu dì tiě
Naturalmente!	梗係有啦！	當 然 有！ dāng rán yǒu
Qual'è l'ultima stazione?	總站喺邊呀？	總 站 在 哪 裏 ？ zǒng zhàn zài ná lǐ
Ci sono molte linee. Non è molto complicato	地鐵有幾條線，唔係好複雜嘅	地 鐵 有 幾 條 線 ， dì tiě yǒu jǐ tiáo xiàn 不 是 太 複 雜 的 bú shì tài fù zá de
È veloce?	快唔快架？	快 不 快？ kuài bù kuài

Italiano	廣東話	普通話
Sì, certo!	快呀！	快 呀！ kuài ya
Bisogna fare il biglietto?	駛唔駛買飛？	要 不 要 買 車 票 ？ yào bù yào mǎi chē piào
Sì, deve comprare un biglietto o un abbonamento?	要呀，你要買飛或者卡（八達通卡）？	要 ， 你 要 買 車 票 yào nǐ yào mǎi chē piào 或 者 卡（八達通卡）？ huò zhě kǎ
Nave 船		CH08_05
Al porto	喺碼頭	在 碼 頭 zài mǎ tóu
Mi devo imbarcave	我要搭船	我 要 坐 船 wǒ yào zuò chuán
A che ora parte la nave?	架船幾點開架？	船 甚 麼 時 侯 開 出？ chuán shén me shí hòu kāi chū
Da che punto del porto parte?	隻船喺邊個碼頭開走？	船 在 哪 個 碼 頭 chuán zài nǎ ge mǎ tóu 開 出？ kāi chū
Il mare è mosso, vero?	個海好大浪，係唔係？	海 浪 很 大 ， 不 是 嗎？ hǎi làng hěn dà bù shì ma
Mi gira la testa	我暈船浪呀	我 暈 船 呀 wǒ yūn chuán ya
Dove si ferma la nave?	隻船喺邊度停？	船 會 停 在 哪 裏 ？ chuán huì tíng zài nǎ lǐ

Italiano	廣東話	普通話
Buon viaggio!	旅途愉快！	旅 途 愉 快！ lǚ tú yú kuài
Aereo 飛機		CH08_06
Scusi, sto cercando i banchi dell'Alitalia/della Cathay Pacific	唔好意思，我想搵意大利航空／國泰航空個櫃位	對 不 起 ， 我 想 找 duì bù qǐ wǒ xiǎng zhǎo 意 大 利 航 空／國 泰 yì dài lì háng kōng guó tài 航 空 的 櫃 位 háng kōng de guì wèi
Ho perso il biglietto!	我唔見咗張機票！	我 丟 了 我 的 機 票！ wǒ diū le wǒ de jī piào
Vorrei prenotare un posto su questo volo	我想喺呢班機訂一個位	我 想 在 這 班 飛 機 wǒ xiǎng zài zhè bān fēi jī 訂 一 個 位 dìng yī ge wèi
Ho perso l'aereo	我趕唔切搭呢班機	我 趕 不 上 這 班 飛 機 wǒ gǎn bù shàng zhè bān fēi jī
A che ora parte il prossimo volo per ...?	下一班去 ... (地點) 嘅機幾時飛呀？	下 一 班 往 ... (地點) 的 飛 xià yī bān wǎng de fēi 機 何 時 起 飛？ jī hé shí qǐ fēi
Vorrei cancellare la prenotazione ...	我想取消我班去 ... (地點) 嘅機位	我 想 取 消 往 ... (地點) wǒ xiǎng qǔ xiāo wǎng 航 班 的 機 位 háng bān de jī wèi
Vorrei cambiare la data/l'ora del volo	我想改我班機個日期／時間	我 想 更 改 我 航 班 wǒ xiǎng gēng gǎi wǒ háng bān 的 日 期／時 間 de rì qī shí jiān

Italiano	廣東話	普通話
Vorrei partire tre (3) giorni prima	我想早三日飛	我 想 早 三 天 飛 wǒ xiǎng zǎo sān tiān fēi
Vorrei partire una settimana prima	我想早一個星期飛	我 想 早 一 星 期 飛 wǒ xiǎng zǎo yī xīng qī fēi
Vorrei cambiare la destinazione	我想改目的地	我 想 更 改 目 的 地 wǒ xiǎng gēng gǎi mù dì dì
Vorrei un biglietto di classe economica/prima classe	我想要一張經濟客位嘅機票/頭等機票	我 想 要 一 張 經 濟 艙 wǒ xiǎng yào yī zhāng jīng jì cāng 的 機 票/頭 等 機 票 de jī piào tóu děng jī piào
A che ora devo essere all'aeroporto?	我要幾多點到機場？	我 需 要 幾 點 到 機 wǒ xū yào jǐ diǎn dào jī 場？ chǎng
È necessario riconfermare il volo?	我駛唔駛再確認個機位？	我 需 不 需 要 再 確 認 wǒ xū bù xū yào zài què rèn 我 的 航 班？ wǒ de háng bān

Treno 鐵路

CH08_07

Italiano	廣東話	普通話
Vorrei un biglietto per Napoli	我想要一張去拿坡里嘅飛	我 想 要 一 張 去 拿 wǒ xiǎng yào yī zhāng qù ná 坡 里 的 火 車 票 pō lǐ de huǒ chē piào
Andata / andata e ritorno	單程/來回	單 程/往 返 dān chéng wǎng fǎn
Prima classe / seconda classe	頭等/二等	頭 等/二 等 tóu děng èr děng

Italiano	廣東話	普通話
Fumatori / non fumatori	吸煙區 / 非吸煙區	吸 煙 區/ 無 煙 區 xī yān qū wú yān qū
Trenitalia	意大利國營鐵路公司	意 大 利 國 營 鐵 路 yì dà lì guó yíng tiě lù 公 司 gōng sī
Pendolino (treno ad alta velocità)	高速火車	高 速 火 車 gāo sù huǒ chē
Orari	行車時間表	行 車 時 間 表 xíng chē shí jiàn biǎo
Partenze / arrivi	出發 / 抵達	出 發/ 抵 達 chū fā dǐ dá
Prenotazione obbligatoria	必須預訂	必 須 預 訂 bì xū yù dìng
Carta sconto	優惠卡	優 惠 卡 yōu huì kǎ
Abbonamento	預訂費	預 訂 費 yù dìng fèi
Vagone ristorante	餐車（火車上提供餐飲服務）	餐 車 （火車上提供餐飲服務） cān chē
Biglietto con diritto di scambio/ rimborso	可退款車票	可 退 款 車 票 kě tuì kuǎn chē piào
Tariffa piena	全費	全 票 quán piào

水都威尼斯

威尼斯的 Vaporetti（單數：vaporetto），或稱水上巴士，是威尼斯的一種公共交通工具，帶領遊客遊覽主要運河、島嶼和海灣。Vaporetti 經常擠滿人，因為除了步行，它便是遊覽意大利最便宜的方法。2008 年，Vaporetto 的單程花費為 €6,50（小輪票蓋印後生效 1 小時）。如果想多花時間逗留在小輪上，建議到小輪票務中心購買旅遊卡。旅遊卡適用於威尼斯的水、陸交通工具（陸上範圍包括 Il Lido 和 Mestre）。2009 年一張旅遊卡的價格為 €14（有效 12 小時）。

Visite 觀光

Italiano	廣東話	普通話
Dov'è l'ufficio del turismo?	邊度有遊客中心？	哪裏有遊客中心？ nǎ lǐ yǒu yóu kè zhōng xīn
Dove posso trovare informazioni su…	我想搵關於…嘅資料	我想找有關…的資料 wǒ xiǎng zhǎo yǒu guān de zī liào
– posti d'interesse culturale, monumenti di Roma/Milano Firenze/Hong Kong	– 羅馬／米蘭／佛羅倫斯／香港有歷史文物、紀念碑之類嘅地方	– 羅馬／米蘭／佛羅倫斯／香港有歷史文物、紀念碑之類的地方 luó mǎ mǐ lán fó luó lún sī xiāng gǎng yǒu lì shǐ wén wù jì niàn bēi zhī lèi de dì fāng
– Spiagge	– 海灘	– 海灘 hǎi tān
– Musei, i parchi della capitale	– 博物館、首都公園	– 博物館、首都公園 bó wù guǎn shǒu dū gōng yuán
Avete dépliant od opuscoli?	你哋有無小冊子或者單張？	你們有沒有小冊子或者傳單？ nǐ men yǒu méi yǒu xiǎo cè zi huò zhě chuán dān
Vorrei una cartina della città	我想要張全市地圖	我想要張全市地圖 wǒ xiǎng yào zhāng quán shì dì tú

Italiano	廣東話	普通話
Quali sono le attrazioni turistiche più famose?	邊度有最出名嘅遊客區?	哪裏有最著名的旅遊區? nǎ lǐ yǒu zuì zhù míng de lǚ yóu qū
Siamo venuti qua per...	我哋會喺度留...	我們會留在這裏... wǒ men huì liú zài zhè lǐ
– qualche ora	– 幾個鐘頭	– 幾個小時 jǐ ge xiǎo shí
– tre giorni	– 三日	– 三天 sān tiān
– solo una settimana	– 一個星期咋	– 就一個星期 jiù yī gè xīng qī
Cerco un'agenzia di viaggio	我想搵間旅行社	我要找一間旅行社 wǒ yào zhǎo yī jiān lǚ xíng shè
Organizzate visite guidate alla città?	你哋有無遊市區嘅團?	你們有沒有遊市區的旅遊團? nǐ men yǒu méi yǒu yóu shì qū de lǚ yóu tuán
Avete pacchetti turistici tipo "visitate Roma in una settimana"?	有無啲<羅馬一星期>之類嘅旅行團?	有沒有<羅馬一星期遊>這類的旅行團? yǒu méi yǒu luó mǎ yì xīng qī yóu zhè lèi de lǚ xíng tuán
Quanto costa il pacchetto?	呢個團幾多錢?	這個團的團費多少錢? zhè ge tuán de tuán fèi duō shǎo qián

Italiano	廣東話	普通話
Avete guide in ...?	你哋有無講...嘅導遊?	你們有沒有說...的導遊? nǐ men yǒu méi yǒu shuō de dǎo yóu
– italiano	– 意大利文	– 意大利文 yì dài lì wén
– inglese	– 英文	– 英語 yīng yǔ
– cantonese	– 廣東話	– 廣東話 guǎng dōng huà
– mandarino	– 普通話	– 普通話 pǔ tōng huà
Che autobus dobbiamo prendere?	我哋應該搭幾多號巴士?	我們應該坐幾號公車? wǒ men yīng gāi zuò jǐ hào gōng chē
Ci viene a prendere all'hotel?	佢係咪嚟酒店搵我哋?	他是不是到酒店找我們? tā shì bú shì dào jiǔ diàn zhǎo wǒ men
Vorremmo affittare una macchina per un giorno	我哋想租架車用一日	我們想租一輛車用一天 wǒ men xiǎng zū yī liàng chē yòng yī tiān
Dove si trova/si trovano sulla cartina.....?	地圖上面邊度係...?	地圖上面哪裏是...? dì tú shàng miàn nǎ lǐ shì
– le gallerie d'arte	– 美術館	– 美術館 měi shù guǎn
– il quartiere degli artisti	– 藝術區	– 藝術區 yì shù qū
– le spiagge	– 海灘	– 海灘 hǎi tān

Italiano	廣東話	普通話
– il giardino botanico	一 植物公園	一 植 物 公 園 zhí wù gōng yuán
– la zona degli affari	一 商業區	一 商 業 區 shāng yè qū
– la cattedrale	一 大教堂	一 大 教 堂 dà jiào táng
– il quartiere cinese/ chinatown	一 唐人街	一 華 人 區 huá rén qū
– i cinema	一 戲院	一 戲 院 xì yuàn
– il centro della città	一 市中心	一 市 中 心 shì zhōng xīn
– il municipio	一 大會堂	一 大 會 堂 dà huì táng
– il centro culturale	一 文化中心	一 文 化 中 心 wén huà zhōng xīn
– la Dante Alighieri	一 意大利文化協會	一 意 大 利 文 化 協 會 yì dài lì wén huà xié huì
– le discoteche	一 的士高	一 迪 斯 科 dì sī kē
– lo yacht club	一 遊艇會	一 遊 艇 會 yóu tǐng huì
– il palazzo delle fiere	一 展覽公園	一 展 覽 公 園 zhǎn lǎn gōng yuán
– i mercati all'aperto	一 跳蚤市場	一 跳 蚤 市 場 tiào zǎo shì chǎng
– i parchi	一 公園	一 公 園 gōng yuán
– i campi da golf	一 哥爾夫球場	一 高 爾 夫 球 場 gāo ěr fū qiú chǎng
– il porto	一 海港	一 海 港 hǎi gǎng
– il lago	一 湖	一 湖 hú
– la biblioteca nazionale	一 國立圖書館	一 國 立 圖 書 館 guó lì tú shū guǎn

Italiano	廣東話	普通話
– il mercato	– 市場 / 街市	– 市 場 shì chǎng
– il monumento/museo di commemorazione a…	– 紀念碑 / 紀念館	– 紀 念 碑 / 紀 念 館 jì niàn bēi jì niàn guǎn
– i musei	– 博物館	– 博 物 館 bó wù guǎn
– il parco nazionale	– 國家公園	– 國 家 公 園 guó jiā gōng yuán
– la zona antica	– 古城	– 古 城 gǔ chéng
– la camera dei deputati e il senato	– 國會大樓	– 國 會 大 樓 guó huì dà lóu
– le rovine	– 遺蹟	– 遺 蹟 yí jì
– il lungomare	– 海濱	– 海 濱 hǎi bīn
– i karaoke	– 卡拉OK	– 卡 拉 OK kǎ lā
– lo stadio	– 體育館 / 運動場	– 體 育 館 / 運 動 場 tǐ yù guǎn yùn dòng chǎng
– la piscina	– 泳池	– 游 泳 池 yóu yǒng chí
– il teatro	– 大劇院	– 大 劇 院 dà jù yuàn
– l'università	– 大學	– 大 學 dà xué
– lo zoo	– 動物園	– 動 物 園 dòng wù yuán
È aperto/a...	...開唔開門？	會 在 ... 開 放 嗎？ huì zài kāi fàng ma
– di sabato?	– 星期六	– 星 期 六 xīng qī liù
– di domenica?	– 星期日	– 星 期 天 xīng qī tiān

Italiano	廣東話	普通話
A che ora apre?	幾點開門？	幾 點 開 門？ jǐ diǎn kāi mén
A che ora chiude?	幾點閂門？	幾 點 關 門？ jǐ diǎn guān mén
Quanto costa l'entrata?	入場費幾多錢？	入 場 費 多 少 錢？ rù chǎng fèi dūo shǎo qián
Ci sono sconti per bambini/ studenti?	細路仔／學生有無優惠？	兒 童／學 生 有 沒 有 ér tóng xué shēng yǒu méi yǒu 優 惠？ yōu huì
Ci sono dépliant in italiano/ inglese/cinese?	有無意大利文／英文／中文嘅單張？	有 沒 有 意 大 利 文／ yǒu méi yǒu yì dài lì wén 英 語／中 文 的 傳 單？ yīng yǔ zhōng wén de chuán dān
Mi può dare un dépliant?	可唔可以畀份單張我？	可 不 可 以 給 我 一 kě bù kě yǐ gěi wǒ yī 張 傳 單？ zhāng chuán dān
Mi può indicare come arrivarci?	可唔可以話我聽點去？	可 不 可 以 告 訴 我 kě bù kě yǐ gào sù wǒ 怎 麼 去？ zěn me qù
Avete cartoline?	有無明信片賣？	有 沒 有 明 信 片 出 yǒu méi yǒu míng xìn piān chū 售？ shòu

Italiano	廣東話	普通話
Si può fotografare qui?	我可唔可以喺呢度影相？	我 可 以 在 這 裏 拍 照 嗎？ wǒ kě yǐ zài zhè lǐ pāi zhào ma
Come si chiama questo palazzo?	呢間大廈叫咩名？	這 幢 大 廈 的 名 字 是 甚 麼？ zhè zhuàng dà shà de míng zì shì shén me
Chi è ...?	邊個 ...	是 誰 ... shì shuí
– l'architetto	– 設計呢棟大廈？	– 設 計 這 幢 大 廈？ shè jì zhè zhuàng dà shà
– l'artista	– 設計呢件藝術品？	– 設 計 這 藝 術 品？ shè jì zhè yì shù pǐn
– il pittore	– 畫呢幅畫？	– 畫 這 幅 畫？ huà zhè fú huà
– lo scultore	– 雕呢件雕像？	– 雕 這 件 雕 像？ diāo zhè jiàn diāo xiàng
Chi ha scritto il libro?	邊個寫呢本書？	誰 是 這 本 書 的 作 者？ shuí shì zhè běn shū de zuò zhě
Di che periodo è?	呢件藝術品係邊個年代嘅？	這 件 藝 術 品 是 甚 麼 年 代 的？ zhè jiàn yì shù pǐn shì shén me nián dài de
Questo monumento di che periodo è?	呢個紀念碑係邊個年代嘅？	這 個 紀 念 碑 是 甚 麼 年 代 的？ zhè ge jì niàn bēi shì shén me nián dài de

Italiano	廣東話	普通話
Mi interessa / Mi interessano…	我 對 … 有 興 趣	我 對 … 有 興 趣 wǒ duì … yǒu xìng qù
– le antichità	– 古 董	– 古 董 gǔ dǒng
– l'archeologia	– 考 古	– 考 古 kǎo gǔ
– l'arte	– 藝 術	– 藝 術 yì shù
– la botanica	– 植 物	– 植 物 zhí wù
– la ceramica	– 陶 瓷	– 陶 瓷 táo cí
– la numismatica	– 錢 幣	– 錢 幣 qián bì
– l'artigianato	– 傳 統 工 藝	– 傳 統 工 藝 chuán tǒng gōng yì
– la cucina	– 烹 飪	– 烹 飪 pēng rèn
– i mobili	– 傢 俬	– 家 具 jiā jù
– i minerali	– 地 質	– 地 質 dì zhì
– la musica	– 音 樂	– 音 樂 yīn yuè
– la storia	– 歷 史	– 歷 史 lì shǐ
– la pittura	– 畫 畫	– 畫 畫 huà huà
– la preistoria	– 史 前 文 物	– 史 前 文 物 shǐ qián wén wù
– la scultura	– 雕 塑	– 雕 塑 diāo sù
– la zoologia	– 動 物	– 動 物 dòng wù

Italiano	廣東話	普通話
Chiese e luoghi di culto 教堂與祈禱聖地		CH09_02
Scusi dove posso trovare una chiesa/una moschea/una sinagoga o un tempio da queste parti?	唔該，請問我可以喺附近邊度搵到教堂/清真寺/猶太教堂或者廟宇?	不好意思，請問我可以在附近哪裏找到教堂/清真寺/猶太教堂或寺廟? bù hǎo yì si, qǐng wèn wǒ kě yǐ zài fù jìn nǎ lǐ zhǎo dào jiào táng/qīng zhēn sì/yóu tài jiào táng huò sì miào?
È lontano da qui?	離呢度幾遠?	離這裏多遠? lí zhè lǐ duō yuǎn?
A che ora è la messa?	個彌撒大約幾耐?	彌撒大約多久? mí sà dà yuē duō jiǔ?
Mi può accompagnare?	你可唔可以帶我去?	你可不可以帶我去? nǐ kě bù kě yǐ dài wǒ qù?
La cattedrale è magnifica	呢間教堂真係宏偉	這間教堂真是宏偉 zhè jiān jiào táng zhēn shì hóng wěi

意大利旅遊

意大利旅遊局：http://www.enit.it/

意大利每個火車站都有一所為旅客尋找酒店及提供地圖和資訊的旅遊服務中心。大部分旅遊服務中心的職員都能夠以英語溝通。旅遊服務中心總部在鄰近羅馬的 Piazza della Republica（共和廣場）的 Via Parigi。

在意大利觀光有幾點需要注意：

- 不是所有地方都容許拍照，特別是在博物館，目的為保障展品獨立擁有權。閃光拍照更被認為具破壞性，遊客應多加注意。
- 意大利對遊客比較友善，時裝也十分著名，不過意大利人普遍仍認為在公眾場合穿着比堅尼、沙灘裝、熱褲或暴露衣物是不禮貌的行為。
- 乾洗店只能在大城市找到。
- 亞洲的 DVD 和歐洲的 DVD 格式不同，所以亞洲的 DVD 不能在意大利播放，反之亦然。
- 即使貨物本身有瑕疵，意大利的商店普遍都不接受退換，因此購買前要檢查清楚。
- 購買衣物時要注意很多店鋪不容許顧客試身。
- 意大利還未有完善設施服務殘疾人士，例如很多餐館都沒有輪椅使用者專用的洗手間，舊式大廈沒有升降機，巴士也沒有專用空間兼容輪椅。

意大利特別節日

Umbria Jazz 翁布里亞爵士樂音樂節
地點：Umbria
時間：7月
www.umbriajazz.com

Siena Jazz Festival 錫耶納爵士樂音樂節
地點：Siena, Toscana
時間：7月
www.sienajazz.it

Palio di Siena 錫耶納之帕利歐賽馬節
地點：Siena, Toscana
時間：7至8月
www.paliosiena.com

Regata Storica di Venezia 威尼斯鳳尾船比賽
地點：Venezia
時間：7月
www.veniceonline.it/Events/RegataStorica.asp

Regata delle Repubbliche Marinare Italiane 意大利海上共和國划船比賽
地點：Amalfi, Genova, Pisa or Venezia
時間：6月
http://events.frommers.com/sisp/index.htm?fx=event&event_id=15258

Mostra del Cinema di Venezia 威尼斯電影節
地點：Venezia
時間：9月
www.mostradelcinemadivenezia.tv

意大利歷史

Repubblica Italiana（意大利共和國）位於歐洲南部的意大利半島及地中海最大的兩個島嶼——Sicilia和Sardegna，北部的阿爾卑斯邊界與法國、瑞士、奧地利和斯洛文尼亞相連。意大利境內有兩個獨立區域——San Marino（聖馬力諾）和 Vaticano（梵蒂岡），還有一片位於瑞士境內的飛地——Campione d'Italia。

意大利一直以來是歐洲文化的薈萃點，及後遍佈全歐洲的大學和Rinascimento（文藝復興）其實亦是起源自意大利的Toscana。它的首都羅馬也是一個很重要的地方。羅馬是多個世紀以來西方文明的中心，同時是巴洛克運動和天主教教會的根據地。意大利還見證着1406年銀行體系的成立（Banco di San Giorgio，聖喬治銀行），擁有世界上歷史最悠久而且仍在運作的銀行——1472年成立的 Monte dei Paschi di Siena（錫耶納銀行集團）。

意大利國旗由紅、白和綠三種顏色組成。紅和白代表米蘭旗，綠是倫巴第傳奇時的制服顏色。有些意大利人對他們的國旗顏色則有另一種解釋，他們認為綠色代表國家的草原山地，白色代表雪白的阿爾卑斯山脈，紅色代表意大利獨立戰爭時所流的血。

統一歷史

19 世紀中葉，意大利北部政府Regno di Sardegna在法皇拿破崙三世的幫助下，成功在第二次意大利獨立戰爭中推翻奧地利統治，解放倫巴第和威尼斯。1866年奧普戰爭，意大利的國王 Victor Emmanuel II 與普魯士聯盟攻打奧地利，同時進行第三次意大利獨立戰爭，成功侵佔威尼斯。1870年，正當法國忙於法普戰爭而忽略駐守羅馬的時候，意大利立即把握機會從法國手上奪回教皇區域的統治權。此時，意大利終於達成統一，首都亦遷往羅馬。

經濟

經濟方面，意大利的主力於中、小型企業的貨品加工及製造。大型企業公司則通常製造先進的科技上產品。相比起其他已發展國家，意大利的跨國公司較少。

意大利歷史

Rinascimento 文藝復興

意大利的文藝復興由14世紀末開始，跨越了差不多兩個世紀，見證着中世紀及近代歐洲在文化上的交流和貢獻。Rinascimento是一個19世紀的現代名詞，意思是「重生」，因為這個時期成功興起人們對文化及古典遺物的興趣，讓這些古代產物經過黑暗時期後再一次呈現於世人眼前。文藝復興雖然為歐洲帶來重大的改變，但這些改變只局限於文學界的優秀分子身上，對於普羅大眾的影響其實很少。

意大利的文藝復興著名於文化上的貢獻。文藝復興時期的文獻出自於一些人文主義者包括 Petrarch（著作：〈Il Canzoniere〉）、Boccaccio（著作：〈Il Decameron〉），也有史詩作家如 Castiglione（著作：〈Il Cortegiano〉）、Ludovico Ariosto（著作：〈Orlando Furioso〉）、Torquato Tasso（著作：〈La Gerusalemme liberata〉），還有散文作家如 Machiavelli（著作：〈Il Principe〉）。文藝復興時期的繪畫藝術甚至為往後幾個世紀的西方畫家帶來顯著的影響，如 Michelangelo（米高安哲羅）、Raphael（拉斐爾）、Titan（泰坦）和 Leonardo da Vinci（達文西）；建築家 Andrea Palladio 在羅馬興建的 Cattedrale di Santa Maria del Fiore（佛羅倫斯大教堂）和 Basilica di San Pietro（聖伯多祿大教堂）其實也是受到文藝復興的影響。

Per chiamare l'ambasciata o il consolato 聯絡大使館或領事館

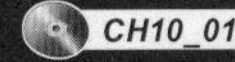

Italiano	廣東話	普通話
Sono italiano/a, cinese, di Hong Kong	我係意大利人／中國人／香港人	我 是 意 大 利 人／中 國 人／香 港 人 wǒ shì yì dài lì rén zhōng gu rén xiāng gǎng rén
Vorrei telefonare alla mia ambasciata/al mio consolato	我想打電話畀我國家嘅大使館／領事館	我 想 打 個 電 話 給 我 國 的 大 使 館／領 事 館 wǒ xiǎng dǎ gè diàn huà gěi wǒ guó de dà shǐ guǎn lǐng shì guǎn
Mi può dire come andare lì?	你可唔可以話畀我知點去嗰度？	你 可 不 可 以 告 訴 我 怎 樣 去 那 兒？ nǐ kě bù kě yǐ gào sù wǒ zěn yàng qù nàr
Qual'è il numero di telefono dell'ambasciata italiana?	意大利大使館嘅電話幾多號？	意 大 利 大 使 館 的 電 話 號 碼 是 多 少？ yì dài lì dà shǐ guǎn de diàn huà hào mǎ shì duō shǎo
Vorrei parlare con l'ambasciatore/con il console	我想同男大使／女領使傾下	我 想 找 男 大 使／女 領 事 談 談 wǒ xiǎng zhǎo nán dà shǐ nǚ lǐng shì tán tan
Ho perso il mio passaporto e non so che cosa devo fare	我唔見咗本護照，唔知點算好	我 丟 了 我 的 護 照，不 知 怎 麼 辦 wǒ diū le wǒ de hù zhào bù zhī zěn me bàn

Italiano	廣東話	普通話
Vorrei prendere appuntamento con il console	我想約個時間同領事傾下	我想預約，跟領事談談 wǒ xiǎng yù yuē gēn lǐng shì tán tan
Vorrei vedere l'addetto…	我想約見…	我想約見… wǒ xiǎng yuē jiàn
– alla cooperazione linguistica	一語言學專家	一語言學家 yǔ yán xué jiā
– militare	一軍事專家	一軍事家 jūn shì jiā
– culturale	一文化專家	一文化家 wén huà jiā
Vorrei rinnovare il mio visto/il mio passaporto	我想續我嘅簽證/護照	我想延期我的簽證/護照 wǒ xiǎng yán qī wǒ de qiān zhèng hù zhào

郵票

購買郵票可到煙草店或郵局。在寄出郵件或包裹前務必檢查清楚目的地的郵政費用。

郵政局

郵局的開放時間為8:30am–5:00pm（星期一至五）及8:30am–12:00nn（星期六）。機場的郵政中心及大城市的主要郵局會全日提供掛號信和電報服務。

Prefisso Telefonico 電話區域號碼

以下是意大利一些重要城市的區域號碼：

Ancona 安科納 071

Messina 美西納 090

Aosta 奧斯塔 0165

Milan 米蘭 02

Bari 巴里 080

Naples 那不勒斯 081

Bergamo 貝爾加莫 035

Palermo 巴勒摩 091

Bologna 波隆那 051

Perugia 佩魯賈 075

Bolzano 波扎諾 0471

Pisa 比薩 050

Brescia 布雷西亞 030

Potenza 波坦察 0971

Brindisi 布林迪西 0831

Reggio C. 拉吉歐 0965

Cagliari 卡拉里 070

Rome 羅馬 06

Campobasso 坎波巴索 0874

Siena 錫耶納 0577

Catania 卡塔尼亞 095

Turin 杜林 011

Catanzaro 卡坦扎羅 0961

Trento 特倫托 0461

Florence 佛羅倫斯 055

Trieste 的裡雅斯特 040

Genoa 熱那亞 010

Venice 威尼斯 041

L'Aquila 拉奎拉 0862

Verona 維羅納 045

Livorno 利佛諾 0586

11 Tempo libero 娛樂

Italiano	廣東話	普通話
Cinema o teatro 戲院或劇院 / 電影院或劇院		CH11_01
Che film danno al cinema?	戲院上緊邊套戲好睇？	電影院正在上演甚麼好看的電影？ diàn yǐng yuàn zhēng zài shàng yǎn shén me hǎo kàn de diàn yǐng
C'è qualche opera di teatro interessante in questo momento?	有咩有趣嘅話劇上演呀？	有沒有有趣的話劇上演？ yǒu méi yǒu yǒu qù de huà jù shàngyǎn
Di chi è l'opera?	呢套戲邊個做架？	這齣戲是誰演出的？ zhè chū xì shì shuí yǎn chū de
Mi può raccomandare..?	可唔可以介紹…畀我？	可不可以介紹…給我？ kě bù kě yǐ jiè shào géi wǒ
– un buon film	– 一齣好戲	– 一部好電影 yī bù hǎo diàn yǐng
– una buona commedia	– 一套好嘅話劇	– 一場好的話劇 yī chǎng hǎo de huà jù
– un buon musical	– 一場好嘅音樂劇	– 一場好的音樂劇 yī chǎng hǎo de yīn yuè jù
Vorrei vedere uno spettacolo culturale	我想睇一套文化演出	我想看一套文藝表演 wǒ xiǎng kàn yī tào wén yì biǎo yǎn

Italiano	廣東話	普通話
A che ora comincia?	幾點鐘開場?	甚麼時候開始? shén me shí hòu kāi shǐ
A che ora finisce?	幾點鐘完場?	甚麼時候結束? shén me shí hòu jié shù
Ci sono ancora biglietti per questo pomeriggio?	今晚仲有無位?	今天晚上還有沒有位? jīn tiān wǎn shàng hái yǒu méi yǒu wèi
Vorrei due biglietti per lo spettacolo del sabato pomeriggio	我想訂兩張星期六演出嘅飛	我想預訂兩張星期六的票 wǒ xiǎng yù dìng liǎng zhāng xīng qī liù de piào
Discoteca 的士高 / 迪斯科		CH11_02
Conosci una buona discoteca?	你知唔知邊度有好嘅的士高?	你知不知道哪裏有好的迪斯科? nǐ zhī bù zhī dào nǎ lǐ yǎu hǎo de dí si kē
Che tipo di musica ti piace?	你鍾意乜嘢類型嘅音樂?	你喜歡甚麼類型的音樂? nǐ xǐ huān shén me lèi xíng de yīn yuè
Preferisco...	我鍾意…	我喜歡… wǒ xǐ huān
– il rap	– RAP	– 講唱音樂 jiǎng chàng yīn yuè
– la tecno	– 電子音樂	– 電子音樂 diàn zǐ yīn yuè
– il R&B	– R&B	– 節奏怨曲 jié zòu yuàn qǔ

Italiano	廣東話	普通話
– il jazz	– 爵士樂	– 爵士音樂 jué shì yīn yuè
Mi piacciono tutti i tipi di musica	我乜嘢類型嘅音樂都鍾意	我喜歡任何類型的音樂 wǒ xǐ huān rèn hé lèi xíng de yīn yuè
Conosco un'ottima discoteca a… che si chiama "…". Ti piacerà sicuramente!	我知道有間好正嘅的士高喺…(地點)叫…我肯定你會鍾意	我知道有一間很棒的迪斯科在…(地點)名字是…我肯定你會喜歡 wǒ zhī dào yǒu yī jiān hěn bàng de dí si kē zài míng zì shì wǒ kěn dìng nǐ huì xǐ huān
Quanto costa il biglietto?	入場費要幾多錢？	入場費要多少錢？ rù chǎng fèi yào duō shǎo qián
10 euro, con una consumazione	10歐羅包一杯飲品	10歐元包括一杯飲料 shí ōu yuán bào kuò yī bēi yǐn liào
Si richiede abbigliamento formale	着適當嘅衫	穿合適的衣服 chuān hé shì de yī fú
Si richiede abbigliamento da sera	着晚裝	穿晚裝 chuān wǎn zhuāng

12 Incontri 社交

Italiano	廣東話	普通話
Ciao, come stai?	Hi，你好嗎？	嗨，你好嗎？ hāi nǐ hǎo ma
Mi chiamo...	我叫做...	我叫... wǒ jiào
Come ti chiami?	你叫咩名呀？	你叫甚麼？ nǐ jiào shén me
Sei solo (m)/sola (f)?	你一個人呀？	你一個人？ nǐ yī gè rén
Posso sedermi qui con te?	我可唔可以坐低？	我可以坐嗎？ wǒ kě yǐ zuò ma
Ti posso parlare un momento?	我哋可唔可以傾陣？	我可以和你聊一聊嗎？ wǒ kě yǐ hé nǐ liáo yī liáo ma
No, sono con degli amici	唔得呀，我同朋友一齊	不行，我和朋友一起 bù xíng wǒ hé péng yǒu yī qǐ
Sono con mia moglie/mio marito	我同老婆 / 老公一齊	我和妻子/丈夫一起 wǒ hé qī zǐ / zhàng fu yī qǐ
Sono con il mio ragazzo/la mia ragazza	我同男朋友 / 女朋友一齊	我和男朋友/女朋友一起 wǒ hé nán péng yǒu/ nǚ péng yǒu yī qǐ

Italiano	廣東話	普通話
Hai figli?	你有無仔女呀？	你 有 孩 子 嗎？ nǐ yǒu hái zǐ ma
Sei sposato (m)/sposata (f)?	你結咗婚未呀？	你 結 婚 了 嗎？ nǐ jié hūn le ma
Cosa fai qui?	你喺度做緊乜嘢？	你 在 這 裏 做 甚 麼？ nǐ zài zhè li zuò shén me
Andiamo da un'altra parte?	我哋去第二度好唔好？	我 們 去 別 的 地 方 wǒ men qù bié de dì fāng 好 嗎？ hǎo ma
Beviamo qualcosa a casa?	你想唔想嚟我度飲嘢呀？	你 想 去 我 家 喝 一 杯 nǐ xiǎng qù wǒ jiā hē yī bēi 嗎? ma
Hai un telefono cellulare/un' email?	可唔可以畀你個電話號碼／電郵畀我？	可 以 給 我 你 的 手 機 kě yǐ gěi wǒ nǐ de shǒu jī 號 碼/ 電 郵 嗎？ hào mǎ/ diàn yóu ma
Ci possiamo vedere un altro giorno?	我哋可唔可以再見面？	我 們 可 以 再 見 嗎？ wǒ men kě yǐ zài jiàn ma
Vuoi uscire domani sera?	你想唔想聽晚出街？	你 明 晚 想 出 去 玩 嗎？ nǐ míng wǎn xiǎng chū qù wán ma
Forse	或者啦	或 許 huò xǔ
Sì, mi piacerebbe	好呀	好 呀 hǎo yā

Italiano	廣東話	普通話
No, credo di no	唔好啦，我唔想！	不，我不想！ bù wǒ bù xiǎng
Ci sentiamo?	我哋再電話聯絡啦！	我們電話聯繫好嗎？ wǒ men diàn huà lián xì hǎo ma
Mi mandi un messaggino?	你會唔會 send sms 畀我？	你會給我發短訊嗎？ nǐ huì gěi wǒ fā duǎn xùn ma
Hai una sigaretta ?	你有無煙呀？	你有煙嗎？ nǐ yǒu yān ma
Hai da accendere?	你有無火機呀？	你有火嗎？ nǐ yǒu huǒ ma
Fumi?	你食唔食煙？	你抽煙嗎？ nǐ chōu yān ma
Vuoi bere qualcosa?	你想唔想飲啲嘢？	你喝點甚麼嗎？ nǐ hē diǎn shén me ma
Mi sono divertito molto	我今晚好開心	我今晚好開心 wǒ jīn wǎn hǎo kāi xīn
Ho passato una giornata incredibile	多謝你，我今晚好開心	謝謝你，今晚很棒 xiè xiè nǐ jīn wǎn hěn bàng
Sei bellissima	我覺得你好靚	我覺得你很漂亮 wǒ jué de nǐ hěn piào liàng
Sei molto elegante!	你好高貴呀！	你很高貴！ nǐ hěn gāo guì
Sei proprio bello oggi	你好靚仔呀！	你好帥！ nǐ hǎo shuài

Italiano	廣東話	普通話
Questo sembra amore a prima vista	我第一眼見你就鍾意你	我想我對你一見鍾情了 wǒ xiǎng wǒ duì nǐ yī jiàn zhōng qíng le
Sono pazzo (m)/pazza (f) di te	我已經愛上你	我已經愛上你了 wǒ yǐ jīng ài shàng nǐ le
Voglio darti un bacio!	我想錫你！	我想吻你！ wǒ xiǎng wěn nǐ
Lasciami stare!	走開啦！	給我滾！ gěi wǒ gǔn
Mi manchi!	我好掛住你！	我想你！ wǒ xiǎng nǐ
Ti manco?	你有無掛住我？	你想我嗎？ nǐ xiǎng wǒ ma
Ti penso sempre!	我成日都掛住你！	我整天都想見你！ wǒ zhěng tiān dōu xiǎng jiàn nǐ
Ti sogno tutte le notti	每晚我都夢見你	我每晚都夢見你 wǒ měi wǎn dōu mèng jiàn nǐ

羅馬浪漫旅遊景點

漫步羅馬是一件賞心樂事，因為有趣的事物隨處可見。以下是幾個羅馬的旅遊熱點：

- Colosseo（羅馬競技場）——現存最大的羅馬帝國遺跡。它是一個用於觀賞鬥劍與野生動物搏鬥的圓形露天劇場。沿着 Via dei Fori Imperiali 走，可通往較好的入口。注意買票可能需排長隊。
- Foro Romano（羅馬廣場）——羅馬其中一個最重要的考古學遺址。它是羅馬共和國的象徵，並有一些已近900年歷史的紀念碑。
- Panthéon（萬神殿）——意大利保存得最好的古代建築。最初它是一所用來作活動之用的會堂，後來變成一間教堂。在殿前的露天空地享受下午茶更是一大快事（雖然比較昂貴）。
- Il Campidoglio（山丘山）——觀賞羅馬廣場的好地方。其中一個著名景點是由米高安哲羅設計的議會廣場。廣場內有兩間博物館儲藏了一系列的雕塑、畫作、壁畫及馬賽克畫。
- Piazza Navona（納沃納廣場）——充滿活力的廣場，到處都是被高檔的咖啡店，中間還有三個大噴水池。
- Villa Borghese（博爾蓋塞別墅花園）——羅馬獨特無比的英式花園，其中的 Galleria Borghese（博爾蓋塞畫廊）更收藏了大量著名的雕塑及畫作。
- Basilica di San Pietro（聖伯多祿大教堂）——全世界最大的羅馬天主教建築，當中儲藏了很多米高安哲羅及貝尼尼的重要作品。雖然梵蒂岡不屬於羅馬，但仍然是旅客遊覽羅馬必到的地方。
- Musei Vaticani（梵蒂岡博物館）——全世界最大的綜合博物館，館藏由古典時期到現代的藝術作品，部分古典作品更達3000年歷史。

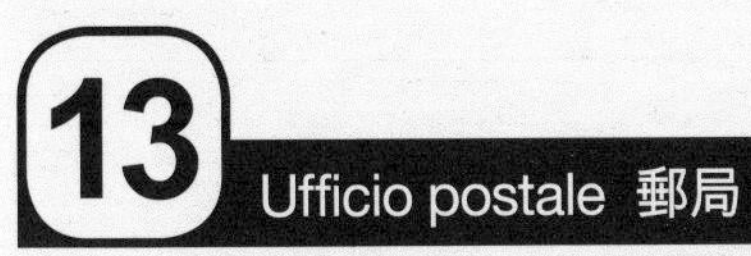

Ufficio postale 郵局

Italiano	廣東話	普通話
Dov'è l'ufficio postale più vicino?	邊度有郵局？	哪裏有郵局？ nǎ lǐ yǒu yóu jú
A che ora apre/chiude l'ufficio postale?	郵局幾時開／閂門？	郵局甚麼時候開／關門? yóu jú shén me shí hòu kāi guān mén
Volevo dei francobolli	我想買郵票	我想買郵票 wǒ xiǎng mǎi yóu piào
Sportello 4	4號窗	4號櫃枱 sì hào guì tái
Volevo spedire queste lettere/cartoline in Italia/in Cina/a Hong Kong	我想寄信／明信片去意大利／中國／香港	我想寄信／明信片 wǒ xiǎng jì xìn míng xìn piàn 去意大利／中國／香港 qù yì dài lì zhōng guó xiāng gǎng
Quanto costa mandare una lettera negli Stati Uniti?	寄去美國要幾多錢？	寄去美國要多少錢？ jì qù měi guó yào duō shǎo qián
Queste lettere vanno tutte via aerea?	係唔係要寄空郵？	是不是要寄空郵？ shì bù shì yào jì kōng yóu
Volevo spedire un pacchetto	我想寄呢個包裹	我想寄這個包裹 wǒ xiǎng jì zhè ge bāo guǒ
Devo riempire un modulo per la dogana?	我係咪要填咗呢張海關表格？	我是不是要先填 wǒ shì bù shì yào xiān tián 這張海關表格？ zhè zhāng hǎi guān biǎo gé
Dov'è la buca delle lettere?	邊度有郵筒？	哪裏有郵筒？ nǎ li yǒu yóu tǒng

Italiano	廣東話	普通話
Volevo spedire questo	我想寄...	我 想 寄 ... wǒ xiǎng jì
– via aerea	– 空郵	– 空 郵 kōng yóu
– via nave	– 平郵	– 平 郵 píng yóu
– per posta raccomandata	– 掛號	– 掛 號 guà hào
– per DHL/Fedex	– 速遞	– 快 遞 kuài dì
C'è posta per me?	係咪有郵件係我嘅？	是 不 是 有 我 的 郵 件？ shì bù shì yǒu wǒ de yóu jiàn
Mi chiamo ...	我個名係...	我 的 名 字 是 ... wǒ de míng zì shì
Ecco il mio passaporto/la mia carta d'identità	呢個係我嘅護照／身份證	這 是 我 的 護 照／ zhè shì wǒ de hù zhào 身 份 證 shēn fèn zhèng

Telefono, fax, email 電話、傳真、電子郵件

CH13_02

Italiano	廣東話	普通話
C'è una cabina telefonica da queste parti?	附近有無電話亭？	附 近 有 沒 有 電 話 亭？ fù jìn yǒu méi yǒu diàn huà tíng
Il telefono non funziona. Provi il ristorante qui di fronte	電話壞咗，你試下去餐廳嗰個	電 話 壞 了 ， 你 可 以 diàn huà huài le nǐ kě yǐ 到 餐 廳 那 個 試 試 dào cān tīng nà ge shì shi
Ha un elenco telefonico?	你有無電話簿？	你 有 沒 有 電 話 簿？ nǐ yǒu méi yǒu diàn huà bù

Italiano	廣東話	普通話
Mi può aiutare a chiamare?	你可唔可以幫我打電話？	你可不可以幫我打電話？ nǐ kě bù kě yǐ bāng wǒ dǎ diàn huà
Vorrei chiamare in Italia. Può mettere la chiamata nel mio conto	我想打去意大利，你幫我記低啦	我想打電話去意大利，你幫我寫下來 wǒ xiǎng dǎ diàn huà qù yì dà lì nǐ bāng wǒ xiě xià lái
Quanto costa la chiamata?	請問打一次電話要幾多錢？	請問打一次電話要多少錢？ qǐng wèn dǎ yī cì diàn huà yào duō shǎo qián
Salve, sono…	你好，我係…	你好，我是… nǐ hǎo wǒ shì
Vorrei parlare con ...	我想搵…	我想找… wǒ xiǎng zhǎo
Parlo con... / C'è ...?	請問呢度係咪…？	請問這裏是不是…？ qǐng wèn zhè li shì bù shì
Può chiamare più tardi?	我可唔可以晏啲再打畀你？	我可不可以晚點再給你電話？ wǒ kě bù kě yǐ wǎn dianr zài gěi nǐ diàn huà
Mi hanno dato il numero sbagliato	你畀咗個錯嘅號碼我	你給了一個錯的號碼 nǐ gěi le yī gè cuò de hào mǎ
È caduta la linea	我哋斷咗線	我們斷了線 wǒ men duàn le xiàn

Italiano	廣東話	普通話
A che ora ritorna?	佢幾點番嚟？	他 甚 麼 時 候 回 來？ tā shén me shí hòu huí lái
Posso lasciare un messaggio?	我可唔可以留言？	我 可 不 可 以 留 言？ wǒ kě bù kě yǐ liú yán
Vorrei pagare la chiamata	我想找數	我 想 付 款 wǒ xiǎng fù kuǎn
C'è una chiamata per Lei!	有電話搵你！	有 電 話 找 你！ yǒu diàn huà zhǎo nǐ
Che numero ha fatto?	你打咗幾多號電話？	你 撥 哪 個 電 話 號 碼？ nǐ bō nǎ ge diàn huà hào mǎ
La linea è occupata / il telefono è occupato	電話暫時未能接通	電 話 暫 時 未 能 接 通 diàn huà zàn shí wèi néng jiē tōng
Il telefono non funziona	電話故障	電 話 故 障 diàn huà gù zhàng
Non c'è	佢唔喺度	他/她 不 在 tā tā bù zài
Dove posso comprare una scheda telefonica/ una scheda SIM?	喺邊度可以買到電話卡/用喺手提電話嘅電話卡？	在 哪 裏 可 以 購 買 zài nǎ li kě yǐ gòu mǎi 電 話 卡/手 提 電 話 diàn huà kǎ shǒu tí diàn huà 用 的 電 話 卡 ？ yòng de diàn huà kǎ
È possibile spedire un fax dall'hotel?	我可唔可以喺酒店傳真啲文件？	我 可 不 可 以 在 酒 wǒ kě bù kě yǐ zài jiǔ 店 傳 真 文 件？ diàn chuánzhēn wén jiàn

Italiano	廣東話	普通話
Posso usare il suo computer? Devo controllare l'email/la posta	我可唔可以用你部電腦？我要睇email	我可不可以用你的電腦？我需要查閱電子郵件 wǒ kě bù kě yǐ yòng nǐ de diàn nǎo? wǒ xū yào chá yuè diàn zǐ yóu jiàn
Sto cercando un caffè Internet. Ce n'è qualcuno da queste parti?	我搵緊一間有得上網嘅咖啡店。呢度附近有無？	我在找一間有上網服務的咖啡店。這裏附近有沒有？ wǒ zài zhǎo yī jiān yǒu shàng wǎng fú wù de kā fēi diàn. zhè lǐ fù jìn yǒu méi yǒu?

電話

由外國致電意大利：先撥所在國家的國際冠碼（International exit code），然後撥意大利區碼（39），再撥對方所在的 prefisso telefonico（區域號碼）（詳見 p. 101）及電話號碼。

在意大利境內：只需要直接撥對方所在的區域號碼及電話號碼。

由意大利致電外國：先撥意大利國際冠碼（00），然後順序撥對方的國家號碼、地區號碼及電話號碼。

郵政局、tabacchi（香煙小賣店）、紀念品商店均有發售不同種類的電話卡，包括電話亭用的電話卡、手提電話增值用的電話卡、儲值的電話卡等。遊客可先瀏覽 www.tin.it 查閱通話收費價目表和國家號碼。

郵政

意大利的郵筒是紅色的，一般都置在街上和郵局外牆。每個郵筒上都會標示收集信件的時間。

郵票可於郵局或香煙小賣店購買得到，郵費會因應郵件的重量和目的地而有所不同。有關郵費價目，可以瀏覽 www.poste.it/en。

Indicazioni 指示

Italiano	廣東話	普通話
Proibito mangiare	請勿／不准飲食	請 勿／不 准 飲 食 qǐng wù bù zhǔn yǐn shí
Entrata proibita	請勿／不准進入	請 勿／不 准 進 入 qǐng wù bù zhǔn jìn rù
Non toccare	請勿／不准觸摸	請 勿／不 准 觸 摸 qǐng wù bù zhǔn chù mō
Non calpestare le aiuole	請勿／不准踐踏草地	請 勿／不 准 踐 踏 qǐng wù bù zhǔn jiàn tà 草 地 cǎo dì
Proibito fare fotografie	請勿／不准攝影	請 勿／不 准 攝 影 qǐng wù bù zhǔn shè yǐng
Proibito fumare	請勿／不准吸煙	請 勿／不 准 吸 煙 qǐng wù bù zhǔn xī yān
Sosta vieata	不准停車	不 准 停 車 bù zhǔn tíng chē

Roma Pass 羅馬通行證

持羅馬通行證在3天內可以免費乘搭任何公共交通工具，以及免費參觀博物館或收費觀光景點兩次，而之後的入場費也會有折扣。通行證適用於40多處紀念勝地、博物館以及考古遺址。要購買通行證，可以到羅馬的遊客資訊中心、車站、Fiumicino Airport（達文西機場）、旅行社、酒店、ATAC（羅馬公共交通局）巴士門票售票處、報攤或tabacchi（香煙小賣店）。

遊客亦可以在博物館或觀光景點售票處直接購買羅馬通行證。現時通行證的售價為€23。[2009年1月]

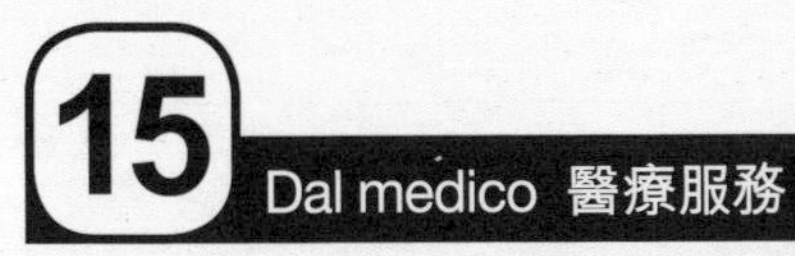

15 Dal medico 醫療服務

Italiano	廣東話	普通話
In farmacia 藥房		CH15_01
Vorrei qualcosa per...	我想要啲藥醫...	我想要一些藥品來醫治... wǒ xiǎng yào yī xiē yào pǐn lái yī zhì
– il raffreddore	– 傷風	– 傷風 shāng fēng
– la tosse	– 咳	– 咳嗽 ké sòu
– le bruciature solari	– 曬傷	– 太陽灼傷 tài yáng zhuó shāng
– le vertigini	– 頭暈	– 頭暈 tóu yūn
– i giramenti di testa	– 暈車浪	– 暈車 yūn chē
– i dolori allo stomaco	– 胃痛	– 胃痛 wèi tòng
Posso comprare questa medicina senza ricetta?	呢隻藥要唔要醫生處方先買得？	這種藥是不是要醫生處方才能買？ zhè zhǒng yào shì bù shì yào yī shēng chǔ fāng cái néng mǎi
Vorrei...	我想要...	我想要... wǒ xiǎng yào
– dell'alcol	– 酒精	– 酒精 jiǔ jīng
– delle aspirine	– 阿士匹靈	– 阿斯匹靈 ā sī pǐ líng
– del cotone	– 棉花	– 棉花 mián huā
– uno sciroppo per la tosse	– 止咳水	– 止咳水 zhǐ ké shuǐ
– dell'acqua ossigenata	– 雙氧水	– 雙氧水 shuāng yǎng shuǐ

Italiano	廣東話	普通話
– un disinfettante	– 消毒藥水	– 消 毒 藥 水 xiāo dú yào shuǐ
– delle gocce per le orecchie	– 耳藥水	– 耳 藥 水 ěr yào shuǐ
– un collirio	– 眼藥水	– 眼 藥 水 yǎn yào shuǐ
– un lassativo	– 瀉藥	– 瀉 藥 xiè yào
– delle compresse	– 消毒毛巾	– 消 毒 毛 巾 xiāo dú máo jīn
– dei tranquillanti	– 鎮靜劑	– 鎮 靜 劑 zhèn jìng jì
– un sonnifero	– 安眠藥	– 安 眠 藥 ān mián yào
– delle pastiglie per la gola	– 喉糖	– 喉 糖 hóu táng

Dal medico 睇醫生 / 看醫生

CH15_02

Italiano	廣東話	普通話
Può chiamare un medico?	可唔可以幫我搵醫生？	可 不 可 以 給 我 找 個 醫 生？ kě bù kě yǐ géi wǒ zhǎo ge yī shēng
C'è un medico qui?	呢度有無醫生？	這 裏 有 沒 有 醫 生？ zhè lǐ yǒu méi yǒu yī shēng
Devo vedere un medico	唔該快啲搵醫生嚟	請 快 點 找 醫 生 來 qǐng kuài diǎn zhǎo yī shēng lái
Dov'è una clinica?	邊度有醫務所？	哪 裏 有 診 所？ ná lǐ yǒu zhěn suǒ
A che ora apre?	幾點開始睇症？	甚 麼 時 候 開 始 看 病？ shén me shí hòu kāi shǐ kàn bìng

Italiano	廣東話	普通話
Il dottore fa visite a domicilio?	啲醫生會唔會出外應診？	醫生會不會外出聽診？ yī shēng huì bù huì wài chū tīng zhěn
A che ora viene il medico?	醫生幾點嚟呀？	醫生甚麼時候回來呀？ yī shēng shén me shí hòu huí lái ya
Mi può raccomandare...	可唔可以幫我搵個...	可不可以給我找個... kě bù kě yǐ géi wǒ zhǎo ge
– un medico generico	– 普通科醫生	– 普通科醫生 pǔ tōng kē yī shēng
– un pediatra	– 兒科醫生	– 兒科醫生 ér kē yī shēng
– un oftalmologo	– 眼科醫生	– 眼科醫生 yǎn kē yī shēng
– un ginecologo	– 婦科醫生	– 婦科醫生 fù kē yī shēng
– un ottorino laringoiatra	– 耳鼻喉科醫生	– 耳鼻喉科醫生 ěr bí hóu kē yī shēng
– un fisioterapista	– 物理治療師	– 物理治療師 wù lǐ zhì liáo shī
– un reumatologo	– 風濕科醫生	– 風濕科醫生 fēng shī kē yī shēng
Posso avere un appuntamento per...	我可唔可以約...？	我可不可以預約...？ wǒ kě bù kě yǐ yù yuē
– domani? / appena possibile?	– 聽日／越早越好	– 明天／越早越好 míng tiān yuè zǎo yuè hǎo

Italiano	廣東話	普通話
Il corpo umano 身體部位		CH15_03
L'addome / Il ventre	腹 部	腹 部 fù bù
L'appendice	腸	腸 cháng
Le arterie	血 管	血 管 xuè guǎn
Il braccio	臂	臂 bì
La bocca	口	口 kǒu
I capelli	頭 髮	頭 髮 tóu fà
Il cuore	心 臟	心 臟 xīn zàng
Le costole	肋 骨	肋 骨 lèi gǔ
Il collo	頸	頸 jǐng
Il gomito	手 踭	手 肘 shǒu zhǒu
Le natiche	大 髀	大 腿 dà tuǐ

Italiano	廣東話	普通話
I denti	牙	牙 齒 yá chǐ
Le dita	手指	手 指 shǒu zhǐ
La schiena	背脊	背 脊 bèi jǐ
Le spalle	膊頭	肩 膀 jiān bǎng
Lo stomaco	胃	胃 wèi
Il fegato	肝	肝 gān
Il ginocchio	膝頭	膝 蓋 xī gài
I fianchi	屁股	屁 股 pì gǔ
Le gambe	腳	腳 jiǎo
La lingua	脷	舌 頭 shé tóu
Le labbra	唇	唇 chún

Italiano	廣東話	普通話
La mandibola	顎	顎 è
I muscoli	肌 肉	肌 肉 jī ròu
I nervi	神 經 線	神 經 線 shén jīng xiàn
Il naso	鼻	鼻 bí
Le orecchie	耳	耳 ěr
Le dita dei piedi	腳 趾	腳 趾 jiǎo zhǐ
Le ossa	骨 頭	骨 頭 gǔ tóu
I piedi	腳 板	腳 板 jiáo bǎn
Il petto	心 口	胸 口 xiōng kǒu
I polmoni	肺	肺 fèi
Il sangue	血	血 xuè
Il seno	乳 房	乳 房 rǔ fáng

Italiano	廣東話	普通話
I tendini	韌帶	韌 帶 rèn dài
Gli occhi	眼	眼 睛 yǎn jīng
Malattie / dolori 疾病 / 痛症		CH15_04
Non mi sento bene	我覺得唔舒服	我 覺 得 身 體 不 對 勁 wǒ jué de shēn tǐ bù duì jìn
Sono malato/a	我病呀	我 病 了 wǒ bìng le
Mi fa male qui	我呢度唔舒服	我 這 裏 不 舒 服 wǒ zhè lǐ bù shū fu
Mi fa male il/la ... (Rif. Il corpo umano)	我 ... (身體某部分) 唔舒服	我 ... (身體某部分) 不 舒 服 wǒ bù shū fu
Mi fa male la testa / ho mal di testa	我頭痛	我 頭 痛 wǒ tóu tòng
MI fa male la schiena	我背脊痛	我 背 痛 wǒ bèi tòng
Ho la febbre	我發燒	我 發 燒 wǒ fā shāo
Mi fa male la gola	我喉嚨痛	我 喉 嚨 痛 wǒ hóu lóng tòng
Sono raffreddato	我便秘	我 便 秘 wǒ biàn mì

Italiano	廣東話	普通話
Ho vomitato	我嘔呀	我 嘔 吐 wǒ ǒu tù
Mi gira la testa	我頭暈	我 頭 暈 wǒ tǒu yūn
Ho/ha/avete ...	我／佢／你哋有...	我／他／你 們 有 ... wǒ tā nǐ men yǒu
– l'asma	– 哮喘	– 哮 喘 xiāo chuǎn
– un raffreddore	– 傷風	– 傷 風 shāng fēng
– la diarrea	– 肚瀉	– 腹 瀉 fù xiè
– le emorroidi	– 痔瘡	– 痔 瘡 zhì chuāng
– un'indigestione	– 消化不良	– 消 化 不 良 xiāo huà bù liáng
– un'infiammazione al…	– 發炎	– 發 炎 fā yán
– un reumatismo	– 風濕	– 風 濕 fēng shī
– un torcicollo	– 頸梗	– 脖 子 堅 硬 bo zi jiān yìng
– un'ulcera	– 潰瘍	– 潰 瘍 kuì yáng
Niente di grave spero?	我估無乜事嘅	我 相 信 沒 有 甚 麼 wǒ xiāng xìn méi yǒu shén me 大 礙 dà ài
Dove le fa male?	邊度唔舒服？	哪 裏 感 到 不 對 勁？ nǎ lǐ gǎn dào bú duì jìn

Italiano	廣東話	普通話
Da quando le fa male?	痛咗幾耐呀？	你 痛 了 多 久？ nǐ tòng le duō jiǔ
Si stenda / Si corichi	瞓低喺度啦	請 躺 在 那 裏 qíng tǎng zài nà lǐ
Apra la bocca	擘大口	張 大 口 zhāng dà kǒu
Inspiri ed espiri profondamente	深呼吸	深 呼 吸 shēn hū xī
Le prendo la temperatura	我幫你探下熱先	我 給 你 先 量 體 溫 wǒ gěi nǐ xiān liáng tǐ wēn
Le prendo la pressione	我幫你量下血壓	我 給 你 量 血 壓 wǒ géi nǐ liáng xuè yā
È la prima volta che ha questi sintomi?	以前有無試過咁呀？	以 前 有 沒 有 試 過 yi qián yǒu méi yǒu shì guò 這 樣？ zhè yàng
Le faccio un'iniezione	我幫你打針先	我 先 給 你 打 針 wǒ xiān géi nǐ dǎ zhēn
Le facciamo un'analisi delle urine	我幫你驗尿先	我 先 幫 你 驗 尿 wǒ xiān bāng nǐ yàn niào
Non è niente di grave	無乜大礙嘅	沒 有 甚 麼 大 礙 méi yǒu shén me dà ài

Italiano	廣東話	普通話
Deve rimanere a letto per due (2) o tre (3) giorni	你要好好地抖番兩三日	你要好好地休息兩三天 nǐ yào hǎo hǎo de xīu xī liǎng sān tiān
Ha...	你有...	你有... nǐ yǒu
– l'artrite	– 關節炎	– 關節炎 guān jié yán
– una polmonite	– 肺炎	– 肺炎 fèi yán
– l'appendicite	– 盲腸炎	– 盲腸炎 máng cháng yán
Ha mangiato qualcosa che non ha digerito?	呢啲係腸胃炎嘅徵狀	這是腸胃炎的症狀 zhè shì cháng wèi yán de zhèng zhuàng
Lei beve/fuma troppo	你飲酒/食煙太多啦	你喝太多酒/抽太多煙了 nǐ hē tài duō jiǔ chōu tài duō yān le
È stanco/a. Deve riposare	你透支過度，要好好休息番下	你已經虛脱，需要好好地休息 nǐ yǐ jīng xū tuō xū yào hǎo hǎo de xiū xī
Deve fare un checkup/un controllo	要做個全身檢查先	你要先做一個全身檢查 nǐ yào xiān zuò yí gè quán shēn jiǎn chá

Italiano	廣東話	普通話
Le prescrivo un antibiotico	我開隻抗生素畀你	我 給 你 開 一 種 抗 生 素 wǒ géi nǐ kāi yī zhǒngkàng shēng sù
Sono diabetico/a	我有糖尿病	我 有 糖 尿 病 wǒ yǒu táng niào bìng
Sono malato di cuore	我有心臟病	我 有 心 臟 病 wǒ yǒu xīn zàng bìng
Ho avuto un infarto	我心臟病發	我 心 臟 病 發 作 wǒ xīn zàng bìng fā zuò
Sono incinta	我有咗 BB	我 懷 孕 了 wǒ huái yùn le
Quando aspetta il bambino?	預產期幾時呀？	預 產 期 是 甚 麼 時 候？ yù chǎn qī shì shén me shí hòu
Posso viaggiare?	我可唔可以去旅行？	我 可 不 可 以 去 旅 行？ wǒ kě bù kě yǐ qù lǚ xíng
Non può viaggiare fino a ...	你喺 ... (日期)之前唔可以去旅行	你 在 ... (日期) 之 前 不 可 以 去 旅 行 nǐ zài zhī qián bù ké yǐ qù lǚ xíng
Posso fare sport?	我可唔可以做運動？	我 可 不 可 以 做 運 動？ wǒ kě bù kě yǐ zuò yùn dòng

Italiano	廣東話	普通話
Che dose di insulina prende normalmente?	你用幾多胰島素？	你用多少份量的胰島素？ nǐ yòng duō shǎo fèn liàng de yí dǎo sù
Per iniezione o per via orale?	注射定口服？	注射的還是口服的？ zhù shè de hái shì kǒu fú de
Sta facendo qualche cura in questo momento?	你有無定期檢查？	你有沒有定期檢查？ nǐ yǒu méi yǒu dìng qī jiǎn chá
Non usiamo questa medicina a Hong Kong/in Italia/in Cina, però abbiamo qualcosa di simile	我哋香港／意大利／中國無用呢隻藥，不過我可以畀隻差唔多嘅你	在香港/意大利/中國沒有這種藥，不過我可以給你另一種差不多的藥 zài xiāng gǎng yì dài lì zhōng guó méi yǒu zhè zhǒng yào bù guò wǒ ké yǐ géi nǐ lìng yī zhǒng chà bù duō de yào
Può fare sport, ma con moderazione	你可以做適量嘅運動	你可以做適量運動 nǐ kě yǐ zuò shì liàng yùn dòng
Ferite 受傷		CH15_05
Ho un/una...	我有...	我有... wǒ yǒu
Può vedere questo/questa...?	你可唔可以睇下...	你可不可以看一下... nǐ kě bù kě yǐ kàn yí xià
– vescica	– 水泡	– 水泡 shuǐ pào
– livido	– 瘀傷	– 瘀傷 yū shāng
– taglio	– 割傷	– 割傷 gē shāng

Italiano	廣東話	普通話
– graffio	– 抓傷	– 抓 傷 zhuā shāng
– puntura d'insetto	– 蚊蟲咬傷	– 蚊 蟲 咬 傷 wén chóng yǎo shāng
– bernoccolo	– 腫咗	– 腫 zhǒng
– eruzione cutanea	– 紅斑	– 紅 斑 hóng bān
– infiammazione	– 撞腫咗／起咗個瘤	– 腫 了 個 瘤 chóng le gè líu
– ferita superficiale	– 皮外傷	– 皮 外 傷 pí wài shāng
– ferita grave	– 重傷	– 重 傷 zhòng shāng
Non mi posso muovere	我郁唔到	我 不 能 動 wǒ bù néng dòng
Mi fa male	好痛	好 痛 hǎo tòng
È infettato/a. Non è infettato/a	有／無感染	有／沒 有 感 染 yǒu méi yǒu gǎn rǎn
Facciamo una radiografia	我地要同你做個掃描	我 們 要 跟 你 做 個 wǒ men yào gēn nǐ zuò ge 掃 描 sǎo miáo
Le dò un antisettico	我開啲消炎藥畀你	我 給 你 消 炎 藥 wǒ gěi nǐ xiāo yán yào
Torni fra… giorni	…（數目）日之後番嚟覆診	…（數目）天 後 回 來 覆 診 tiān hòu huí lái fù zhěn

Italiano	廣東話	普通話
Ricette 開藥		CH15_06
Che medicina è questa?	要食啲乜嘢藥？	要吃甚麼藥？ yào chī shén me yào
Quante volte al giorno devo prenderlo/la/li/le?	每日要食幾多次？	每天要吃多少遍？ měi tiān yào chī duō shǎo biàn
Ne prenda tre cucchiaini ogni due ore	每隔兩個鐘頭食三茶匙	每兩個小時吃三茶匙 měi liǎng ge xiǎo shí chī sān chá chí
Prenda queste pastiglie da tre a quattro volte al giorno	啲藥丸每日食三至四次	這些藥丸每天吃三至四遍 zhè xiē yào wán měi tiān chī sān zhì sì biàn
– prima di mangiare	– 飯前食	– 飯前吃 fàn qián chī
– dopo mangiato	– 飯後食	– 飯後吃 fàn hòu chī
– fra i pasti	– 餐與餐之間食	– 餐與餐之間吃 cān yǔ cān zhī jiān chī
– di mattina	– 朝早食	– 早上吃 zǎo shàng chī
– di pomeriggio	– 夜晚食	– 晚上吃 wǎn shàng chī
Dal dentista 睇牙醫 / 看牙醫		CH15_07
Mi fanno male i molari	我大牙痛	我大牙痛 wǒ dà yá tòng
Conosce un buon dentista?	你識唔識啲好嘅牙醫？	你認不認識一些好的牙科醫生？ nǐ rèn bù rèn shi yī xiē hǎo de yá kē yī shēng

Italiano	廣東話	普通話
Vorrei prendere appuntamento con il dottor/la dottoressa... È urgente	我想約見…醫生好急嘅	我 想 約 見 … 醫 生 wǒ xiǎng yuē jiàn yī shēng 很 緊 急 的 hěn jǐn jí de
Posso venire prima? Mi fa molto male	我可唔可以早啲嚟？我好痛	我 可 不 可 以 早 一 wǒ kě bù kě yǐ zǎo yī 點 來？我 很 痛 dianr lái wǒ hěn tòng
Ho un'infiammazione	係咪發炎呀？	是 不 是 發 炎？ shì bù shì fā yán
Mi fa male questo molare	呢隻大牙好痛	這 顆 大 牙 很 痛 zhè kē dà yá hěn tòng
– sopra	－上面	－ 上 面 shàng miàn
– sotto	－下面	－ 下 面 xià miàn
– dietro	－後面	－ 後 面 hòu miàn
– davanti	－前面	－ 前 面 qián miàn
Si è rotta l'otturazione	我補牙嗰度甩咗	我 補 牙 的 地 方 掉 了 wǒ bǔ yá de dì fāng diào le
Bisogna estrarre il molare	呢隻大牙要剝喇	你 這 顆 大 牙 需 要 nǐ zhè kē dà yá xū yào 拔 掉 bá diào
Le faccio un'otturazione	我幫你補番隻牙	我 替 你 補 牙 wǒ tì nǐ bǔ yá

Italiano	廣東話	普通話
Le faccio l'anestesia sul molare	我幫你落啲麻醉藥先	我 先 給 你 打 麻 醉 藥 wǒ xiān gěi nǐ dǎ má zuì yào
Le gengive ...	我啲牙肉...	我 的 牙 肉 ... wǒ de yá ròu
– mi fanno male	– 痛	– 痛 tòng
– sono infiammate	– 腫咗	– 腫 了 zhǒng le
– sanguinano	– 流血	– 流 血 liú xuè
La dentatura si è rotta	我隻假牙爛咗	我 弄 爛 了 一 顆 假 牙 wǒ nòng làn le yī kē jiǎ yá
La può riparare?	你可以幫我整番好佢嗎？	你 能 幫 我 把 它 弄 好 nǐ néng bāng wǒ bǎ tā nòng hǎo 嗎？ ma
Quando sarà pronta?	要整幾耐？	要 多 久？ yào duō jiǔ

醫療

一般門診醫生	€20,00 起
專科醫生	€40,00 起

Ospedali, pronto soccorso 醫院同緊急事故/醫院和緊急事故

Italiano	廣東話	普通話
Aiuto!	救命！	救 命 ！ jiù mìng
Portatemi all'ospedale!	送我去醫院！	送 我 去 醫 院！ sòng wǒ qù yī yuàn
Chiamate un medico!	醫生嚟喇！	叫 醫 生 過 來！ jiào yī shēng guò lái
Chiamate un'ambulanza!	叫白車	叫 救 護 車 jiào jiù hù chē
Faccia in fretta!	快啲啦！	快 點 ！ kuài dianr
Qual'è il numero del pronto soccorso?	緊急電話係幾多號？	緊 急 電 話 的 號 碼 是 jǐn jí diàn huà de hào mǎ shì 幾 號？ jǐ hǎo
Dov'è l'ospedale più vicino?	最近嘅醫院喺邊？	最 近 的 醫 院 在 哪 兒？ zuì jìn de yī yuàn zài nǎr
Un incidente per la strada	大路嗰度有意外	公 路 上 出 車 禍 了 gōng lù shàng chū chē huò le
Si faccia da parte, per cortesia!	你哋唔好圍住佢！	你 們 不 要 圍 在 他 nǐ men bù yào wéi zài tā 身 邊 shēn biān
Lasciatelo/a respirare!	畀佢抖氣！	讓 他 呼 吸 空 氣 ！ ràng tā hū xī kōng qì

Italiano	廣東話	普通話
Non lo/la muovete!	千祈唔好郁佢！	千 萬 不 要 移 動 他 ！ qiān wàn bù yào yí dòng tā
Attenzione a come lo/la muovete!	小心啲郁佢呀！	移 動 他 時 小 心 點 ！ yī dòng tā shí xiǎo xīn dianr
Datemi acqua!	畀啲水我！	請 給 我 水 ！ qǐng gěi wǒ shuǐ
Si calmi!	冷靜啲！	冷 靜 點 ！ lěng jìng dianr
Respiri profondamente!	深呼吸！	深 呼 吸 ！ shēn hū xī
Dove le fa male?	你邊度痛？	你 哪 裏 痛？ nǐ nǎ lǐ tòng
Ho...	我 ...	我 ... wǒ
– un slogatura al ginocchio/alla caviglia	– 扭親膝頭／扭親腳踭	– 扭 傷 了 膝 蓋／ niǔ shāng le xī gài 扭 傷 了 腳 跟 niǔ shāng le jiǎo gēn
– il braccio rotto / la gamba rotta	– 跌斷手／跌斷腳	– 摔 斷 手／摔 斷 腳 shuāi duàn shǒu shuāi duàn jiǎo
– il naso rotto	– 撞親個鼻	– 碰 傷 了 鼻 子 pèng shāng le bí zi
Mi fa male lo stomaco	我胃痛	我 的 胃 痛 wǒ de wèi tòng
Ho i crampi	我抽筋	我 抽 筋 wǒ chōu jīn

Italiano	廣東話	普通話
È caduto	佢跌親	他 摔 倒 tā shuāi dǎo
L'ha investito una macchina	佢畀架車撞倒	他 被 車 撞 倒 tā bèi chē zhuàng dǎo
Ha una crisi cardiaca	佢有心臟病	他 有 心 臟 病 tā yǒu xīn zàng bìng
È scivolato	佢跌親	他 滑 倒 tā huá dǎo
Gli hanno sparato	佢中咗槍	他 被 槍 打 中 了 tā bèi qiāng dǎ zhòng le
Ha ingoiato una spina di pesce	佢吞咗條魚骨	他 吞 了 魚 刺 tā tūn le yú cì
Sta sanguinando	佢流血	他 流 血 tā liú xuè
Che cosa gli fa?	你哋會幫佢做啲乜？	你 們 會 幫 他 做 甚 麼？ nǐ men huì bāng tā zuò shén me
Quanto deve stare in ospedale?	佢會留喺醫院幾耐？	他 會 留 院 多 久？ tā huì liú yuàn duō jiǔ
La teniamo due (2) giorni in osservazione. È la procedura normale	依照慣常嘅程序，我哋會留佢喺醫院觀察兩日	依 照 正 常 的 程 序，我 們 會 要 求 他 留 院 觀 察 兩 天 yī zhào zhèng cháng de chéng xù wǒ men huì yāo qiú tā liú yuàn guān chá liǎng tiān

Italiano	廣東話	普通話
Potrebbe anche morire?	佢會唔會死？	他 會 不 會 死？ tā huì bù huì sǐ
Stia tranquillo/a, possiamo curarlo/a	唔駛擔心，我哋會醫好佢	不 用 擔 心 ， 我 們 bù yòng dān xīn wǒ men 可 以 把 他 治 好 kě yǐ bǎ tā zhì hǎo
Deve riposare qualche giorno	佢要休息幾日	他 需 要 休 息 幾 天 tā xū yào xiū xi jǐ tiān
Non è per nulla grave	唔係好嚴重	不 是 很 嚴 重 bù shì hěn yán zhòng
È una situazione critica	佢仲喺危險期	他 仍 在 危 險 期 tā réng zài wēi xiǎn qī
Lo/la trasferiamo nel reparto intensivo.	我哋會轉送佢去深切治療部	我 們 會 轉 送 他 去 wǒ men huì zhuǎn sòng tā qù 深 切 治 療 部 shēn qiè zhì liáo bù
Le facciamo le analisi del sangue	我哋會幫你驗血	我 們 會 幫 你 驗 血 wǒ men huì bāng nǐ yàn xuè
Le hanno fatto la prova dell'Aids?	你有無做過愛滋病測試？	你 有 沒 有 做 過 愛 nǐ yǒu méi yǒu zuò guò ài 滋 病 的 測 試？ zī bìng de cè shì
È vaccinato/a contro l'epatite?	你有無打過肝炎嘅疫苗？	你 有 沒 有 注 射 過 肝 nǐ yǒu méi yǒu zhù shè guò gān 炎 的 疫 苗？ yán de yì miáo

Italiano	廣東話	普通話
Aspetti fuori, per favore	喺出面等，唔該	在外面等，謝謝 zài wài miàn děng xiè xie
Il dottore sarà qui fra poco	醫生一陣就會見你	醫生等一會兒就會接見你 yī shēng děng yī huìr jiù huì jiē jiàn nǐ
Dobbiamo operare urgentemente	我哋會盡快同佢做手術	我們會盡快替他做手術 wǒ men huì jìn kuài tì tā zuò shǒu shù
Abbiamo bisogno della sua autorizzazione per operare	我哋需要你嘅批准先可以同佢做手術	我們需要你的批准才可以給他做手術 wǒ men xū yào nǐ de pī zhǔn cái kě yǐ gěi tā zuò shǒu shù
Riempia questo modulo	填咗呢份表先	先填這張表 xiān tián zhè zhāng biǎo
La polizia ha bisogno della sua dichiarazione sull'incidente	警方需要你幫單意外落口供	警方需要你為這個意外作口供 jǐng fāng xū yào nǐ wèi zhè ge yì wài zuò kǒu gòng
Vuole un bicchiere d'acqua, una tazza di tè/caffè?	你要一杯水、茶定係咖啡？	你要一杯水、茶還是咖啡？ nǐ yào yī bēi shuǐ chá hái shì kā fēi
Andiamo a prendere qualcosa al bar	去酒吧度飲啲嘢啦	到酒吧喝點東西吧 dào jiǔ bā hē dianr dōng xī ba

Italiano	廣東話	普通話
Può chiamare il mio hotel/la mia famiglia?	你可以打電話去我酒店/屋企嗎？	你 可 以 打 電 話 去 nǐ kě yǐ dǎ diàn huà qù 我 住 的 酒 店/家 嗎？ wǒ zhù de jiǔ diàn jiā ma
Devo telefonare urgentemente al mio medico di famiglia	我要打緊急電話畀我哋個家庭醫生	我 要 打 個 緊 急 電 wǒ yào dǎ gè jǐn jí diàn 話 給 我 的 家 庭 醫 生 huà gěi wǒ de jiā tíng yī shēng
Devo prendere queste medicine	我要食呢啲藥	我 要 吃 這 種 藥 wǒ yào chī zhè zhǒng yào

SARS / aviaria / suina 非典型肺炎 / 禽流感 / 人類甲型流感

CH16_02

Italiano	廣東話	普通話
Sindrome respiratoria acuta (SARS) /polmonite atipica	非典型肺炎（沙士）	非 典 型 肺 炎（沙 士） fēi diǎn xíng fèi yán
Influenza aviaria	禽流感	禽 流 感 qín liú gǎn
Febbre suina	人類甲型流感	人 類 甲 型 流 感 rén lèi jiá xíng líu gǎn
Misure di protezione	預防方法：	預 防 方 法： yù fáng fāng fǎ
– Portare la mascherina in tutti i luoghi pubblici	一 喺公眾場所戴上口罩	一 在 公 眾 場 所 戴 zài gōng zhòng chǎng suǒ dài 上 口 罩 shàng kǒu zhào

Italiano	廣東話	普通話
– Lavarsi di frequente le mani con sapone, soprattutto dopo aver toccato…	– 喺接觸過...之後即刻用番梘洗手	– 在 觸 摸 過 ... 之 後 立 即 用 肥 皂 洗 手 zài chù mō guò zhī hòu lì jí yòng féi zào xǐ shǒu
• le maniglie delle porte	• 門柄	• 門 柄 mén bǐng
• i tasti di un ascensore	• 升降機掣	• 升 降 機 按 鈕 shēng jiàng jī àn niǔ
– Evitare di stringere la mano	– 避免同人握手	– 避 免 跟 人 握 手 bì miǎn gēn rén wò shǒu
– Disinfettare con varechina tutti i mobilie i pavimenti	– 用漂白水消毒地板同家具	– 用 漂 白 水 消 毒 地 板 及 家 具 yòng piǎo bái shuǐ xiāo dú dì bǎn jí jiā jù
Sintomi (dopo essere stato in contatto con una persona infetta):	病癥（喺同受感染嘅人有緊密接觸後而出現）：	病 癥（在 跟 受 感 染 的 人 有 緊 密 接 觸 後 而 出 現）： bìng zhēng
– tosse	– 咳嗽	– 咳 嗽 ké sòu
– febbre	– 發燒	– 發 燒 fā shāo
– problemi respiratori	– 呼吸管道疾病	– 呼 吸 管 道 疾 病 hū xī guǎn dào jí bìng
– diarrea	– 肚瀉	– 腹 瀉 fù xiè
Rimanere in casa	留喺屋企	留 在 家 裏 liú zài jiā lǐ
Mettersi in contatto immediatamente con i servizi sanitari	盡快通知醫療人員	盡 快 通 知 醫 療 人 員 jìn kuài tōng zhī yī liáo rén yuán

17 Furti 搶劫

Italiano	廣東話	普通話
Al ladro!	捉住個賊!	捉 賊! zhuō zéi
Aiuto! Aiuto!	救命!救命!	救 命! 救 命! jiù mìng jiù mìng
Mi lasci stare o chiamo la polizia!	我報緊警,唔該靜啲吖!	我 現 在 報 警, wǒ xiàn zài bào jǐng 請 安 靜 點! qǐng ān jìng diǎnr
Dov'è il servizio di sicurezza dell'hotel?	酒店保安喺邊?	酒 店 的 保 安 在 jiǔ diàn de bǎo ān zài 哪 兒? nǎr
Che cosa succede?	發生咩事呀?	發 生 甚 麼 事? fā shēng shén me shì
Dov'è il commissariato più vicino?	最近嘅警局喺邊呀?	最 近 的 警 察 局 在 zuì jìn de jǐng chá jú zài 哪 兒? nǎr
Mi aiuti, la prego!	我要你幫手!	我 需 要 你 的 幫 忙! wǒ xū yào nǐ de bāng máng
Mi sono perso (m) / Mi sono persa (f)	我盪失路呀 !	我 迷 路 了 wǒ mí lù le
Dov'è andato?	佢跑咗去邊?	他 跑 去 哪 兒 了? tā pǎo qù nǎr le

Italiano	廣東話	普通話
Da quella parte!	嗰邊	那邊 nà biān
Ho perso.....	我唔見咗...	我丟了... wǒ diū le
– il portafoglio	– 銀包	– 錢包 qián bāo
– la carta d'identità	– 身份證	– 身份證 shēn fèn zhèng
– la borsa	– 手袋	– 手提包 shǒu tí bāo
– la valigia	– 行李	– 行李箱 xíng lǐ xiāng
– il passaporto	– 護照	– 護照 hù zhào
– l'orologio	– 錶	– 手錶 shǒu biǎo
– il telefonino	– 手提電話	– 手機 shǒu jī
– i gioielli	– 首飾	– 首飾 shǒu shì
– la macchina fotografica	– 相機	– 照相機 zhào xiàng jī
– la patente	– 駕駛執照	– 駕駛執照 jià shǐ zhí zhào
– i travellers cheque	– 旅遊支票	– 旅遊支票 lǚ yóu zhī piào
– l'ipod	– iPOD	– iPOD
Dov'è l'ufficio oggetti smarriti?	失物認領處喺邊？	失物認領處在哪裏？ shī wù rèn lǐng chù zài nǎ lǐ

Italiano	廣東話	普通話
Dove li (m) /le (f) ha lasciati (m)/ e (f)?	你喺邊度漏咗啲嘢？	你在哪兒落下你的東西？ nǐ zài nǎr là xià nǐ de dōng xi
Li (m) / Le (f) ho lasciati/e in casa di ...	我漏咗啲嘢喺...嘅屋企	我落下了些東西在...的家 wǒ là xià le xiē dōng xi zài ... de jiā
Non so / Non ne ho la minima idea	我唔知呀 / 我乜都唔知！	我不知道 / 我甚麼都不知道！ wǒ bù zhī dào / wǒ shén me dōu bù zhī dào
Non mi ricordo	我唔記得喇	我記不起了 wǒ jì bù qǐ le
Come li (m)/le (f) posso recuperare?	我點樣可以搵番啲嘢？	我怎樣才可以找回失去的東西？ wǒ zěn yàng cái kě yǐ zhǎo huí shī qù de dōng xi
Mi ha derubato	佢偷咗我啲嘢	他偷了我的東西 tā tōu le wǒ de dōng xi
Mi hanno derubato	我畀人打劫	我被人搶劫了 wǒ bèi rén qiǎng jié le
A chi assomiglia?	佢咩樣架？	他是甚麼樣子的？ tā shì shén me yàng zǐ de
È quest'uomo?	係咪呢個男人？	是不是這個男人？ shi bù shì zhè gè nán rén

Italiano	廣東話	普通話
Sì, è lui!	係，係佢呀！	對，就是他！ duì jiù shì tā
Questo è suo?	呢個係咪你嘅？	這個是不是你的？ zhè ge shì bú shì nǐ de
Sì, è mio!	係，係我嘅！	是，是我的！ shì shì wǒ de
Vorrei fare una denuncia	我想報案	我想報案 wǒ xiǎng bào àn
Si calmi!	你冷靜啲啦！	你冷靜點吧！ nǐ lěng jìng diǎnr bā
Rimanga qui!	留喺呢度！	留在這兒！ liú zài zhèr
Riempia questo modulo	填咗呢張表	先填這張表格 xiān tián zhè zhāng biǎo gé
Cosa succede adesso?	宜家發生緊啲咩事？	現在發生甚麼事？ xiàn zài fā shēng shén me shì
Cosa vuol dire questo?	咁係咩意思呀？	這是甚麼意思？ zhè shì shén me yì si
Non capisco!	我唔明呀！	我不明白！ wǒ bù míng bái
Quest'uomo dice che ...	呢個男人話…	這個男人說… zhè gè nán rén shuō

Italiano	廣東話	普通話
Quest'uomo ha cercato di derubarmi	呢個男人想偷我嘢	這個男人想偷我的東西 zhè gè nán rén xiǎng tōu wǒ de dōng xi
Questo è quello che vi ha rubato?	佢偷咗你乜嘢？	他偷了你甚麼東西？ tā tōu le nǐ shén me dōng xi
Grazie mille!	十萬個多謝／唔該！	萬分感謝！ wàn fēn gǎn xiè
Ha diritto a una chiamata	你有權打個電話	你有權打電話 nǐ yǒu quán dǎ diàn huà
Ha diritto a non parlare. Tutto quello che dice potrà essere usato contro di lei	你有權保持緘默，但你所講嘅嘢將會成為呈堂證供	你有權保持緘默，但你所說的將會成為呈堂證供 nǐ yǒu quán bǎo chí jiān mò dàn nǐ suǒ shuō de jiāng huì chéng wéi chéng táng zhèng gòng
C'è un malinteso	呢個係一個誤會	這是一個誤會 zhè shì yī gè wù huì
Non ho fatto nulla	我咩都無做	我甚麼都沒做 wǒ shén me dōu méi zuò
Ha un avvocato?	你有無代表律師？	你有沒有代表律師？ nǐ yǒu méi yǒu dài biǎo lǜ shī
Nome e cognome?	你叫咩名？	你叫甚麼名字？ nǐ jiào shén me míng zi

緊急電話號碼

電話號碼	
12	電話查詢
112	意大利警隊服務（Carabinieri）
113	警察緊急求助
115	消防部門
116	意大利汽車會（A.C.I.）——路邊求助
118	緊急醫療服務
176	國際查詢

意大利罪案情況

意大利的暴力罪案率很低，而當中只有小部分以遊客為目標。對遊客來説，特別在大城市，最大的威脅是扒手，以及一群群的吉卜賽（Gypsy）小孩。他們會在擾亂你視線的同時，偷走你的錢包或零錢包。所以，千萬不要把貴重物品放在顯眼處，而且要使用旅行用貼身腰包，用來裝放金錢、護照、信用卡和其他重要的文件。腰包要繫在腰間，藏在衣服內。至於旅行袋及相機應配備斜肩帶，背在身體前面，不要背在側面或後面，那小偷便難以下手。如果酒店有提供夾萬，請善用之。

小心成群結聚、衣衫不整的婦人和小孩，他們會問你要錢。他們下手的地方，多數是火車站、觀光景點及購物熱點。如果不幸被他們盯上，你要立即避開（例如橫過馬路，以圖擺脱他們），或大叫「Vattene（走開）！」。不過，這些情況通常只在羅馬和拿不勒斯發生，不用太擔心。

18 Sport 運動

CH18_01

Italiano	廣東話	普通話
Dov'è il campo da golf più vicino?	最近邊度有哥爾夫球場？	附近有沒有高爾夫球場？ fù jìn yǒu méi yǒu gāo ěr fū qiú chǎng
È possibile affittare mazze da golf?	可唔可以借哥爾夫球桿？	可不可以借高爾夫球桿？ kě bù kě yǐ jiè gāo ěr fū qiú gān
Ci sono campi da tennis qui vicino?	附近有無網球場？	附近有沒有網球場？ fù jìn yǒu méi yǒu wǎng qiú chǎng
Vorrei affittare una racchetta per un giorno	我想借一塊網球拍一日	我想借一副網球拍一天 wǒ xiǎng jìe yī fù wǎng qiú pāi yī tiān
Quanto costa all'ora?	一個鐘幾多錢？	一個小時多少錢？ yī gè xiǎo shí duō shǎo qián
Sa se c'è una sala pesi qui?	你知唔知附近有無健身室？	你知不知道附近有沒有健身室？ nǐ zhī bù zhī dào fù jìn yǒu méi yǒu jiàn shēn shì
All'hotel c'è una piscina?	酒店有無泳池？	酒店有沒有游泳池？ jiǔ diàn yǒu méi yǒu yóu yǒng chí

Italiano	廣東話	普通話
Dove posso fare footing?	我可以喺邊跑步?	我可以在哪裏跑步? wǒ kě yǐ zài nǎ lǐ pǎo bù
Non è pericoloso a quest'ora?	呢個時間有無危險?	這個時間有沒有危險? zhè ge shí jiān yǒu méi yǒu wēi xiǎn
Volevo vedere un incontro di boxe	我想睇一場拳賽	我想看一場拳擊比賽 wǒ xiǎng kàn yī chǎng quán jī bǐ sài
Vorrei vedere una partita di calcio	我想睇一場足球賽	我想看一場足球賽 wǒ xiǎng kàn yī chǎng zú qiú sài
Dove posso comprare i biglietti?	我可以喺邊度買飛?	我可以在哪兒買票? wǒ kě yǐ zài nǎr mǎi piào
C'è un biliardo/una pista da bowling da queste parti?	附近有無桌球/保齡球打?	附近有沒有可以玩桌球/保齡球的地方? fù jìn yǒu méi yǒu kě yǐ wán zhuō qíu/bǎo líng qiú de dì fāng
C'è qualche casinò a Hong Kong/a Roma?	香港/羅馬有無賭場?	香港/羅馬有沒有賭場? xiāng gǎng/luó mǎ yǒu méi yǒu dǔ chǎng

Italiano	廣東話	普通話
Dov'è il duty-free?	邊度有免稅店？	免稅商店在哪兒？ miǎn shuì shāng diàn zài nǎr
Come bisogna vestirsi per andare al casinò?	去賭場要着乜嘢衫？	去賭場要穿甚麼衣服？ qù dǔ chǎng yào chuān shén me yī fú
Vorrei giocare a poker	我想玩百家樂	我想玩百家樂 wǒ xiǎng wán bǎi jiā lè
Vorrei cambiare queste fiche	我想將贏咗嘅籌碼兌現	我想將贏得的籌碼兌現 wǒ xiǎng jiāng yíng dé de chóu mǎ duì xiàn

運動項目

Windsurf	滑浪風帆
Salto da ponti/salto con l'elastico	笨豬跳
Pattini da strada/Pattini a rotelle	滾軸溜冰
Bicicletta da montagna	越野單車
Surf	滑浪
Kitesurf	風箏滑浪
Beach volley	沙灘排球
Calcio da spiaggia	沙灘足球
Rugby da spiaggia	沙灘欖球
Immersioni	潛水
Moto d'acqua	水上電單車
Sci d'acqua	滑水
Arrampicate	攀石
Carro a vela	風帆車 / 陸上風帆

19 Studi 番學 / 上學

Italiano	廣東話	普通話
Ho lezione	我有堂上	我 要 上 課 wǒ yào shàng kè
A che ora hai lezione?	你幾點鐘上堂？	你 甚 麼 時 候 上 課？ nǐ shén me shí hòu shàng kè
A che ora finisci la lezione?	你幾點鐘落堂？	你 甚 麼 時 候 下 課？ nǐ shén me shí hòu xià kè
Di cosa hai lezione oggi?	你今日有乜堂上？	你 今 天 有 甚 麼 課？ nǐ jīn tiān yǒu shén me kè
Domani non ho lezione	聽日我無堂上	明 天 我 沒 有 課 míng tiān wǒ méi yǒu kè
Ho lezione...	我有...堂	我 有 ... 課 wǒ yǒu kè
– di italiano	– 意大利文	– 意 大 利 文 yì dài lì wén
– di cinese	– 中文	– 中 文 zhōng wén
– di traduzione e interpretariato	– 翻譯及傳譯	– 翻 譯 及 傳 譯 fān yì jí chuán yì
– di giapponese	– 日文	– 日 語 rì yǔ
– di gestione commerciale	– 商學	– 商 學 shāng xué
– di gestione aziendale	– 管理學	– 管 理 學 guǎn lǐ xué
– di economia e finanza	– 經濟與金融	– 經 濟 與 金 融 jìng jì yǔ jīn róng
– di ingegneria elettronica	– 基因工程	– 基 因 工 程 jī yīn gōng chéng
– di marketing	– 市場學	– 市 場 學 shì chǎng xué

Italiano	廣東話	普通話
– di matematica	– 數學	– 數學 shù xué
– di fisica e di scienza della materia	– 物理及材料科學	– 物理及材料科學 wù lǐ jí cái liào kē xué
In che aula hai lezione?	你去邊度上堂？	你去哪裏上課？ nǐ qù nǎ lǐ shàng kè
Andiamo in biblioteca?	我哋去圖書館囉？	我們去圖書館吧！ wǒ mén qù tú shū guǎn ba
Vorrei prendere un libro in prestito	我想借本書	我想借一本書 wǒ xiǎng jiè yī běn shū

La biblioteca universitaria 大學圖書館

CH19_02

Italiano	廣東話	普通話
Quando devo restituirlo?	我要幾時還？	我要甚麼時候還書？ wǒ yào shén me shí hóu huán shū
Sto cercando la sezione dei libri d'italiano	我想搵意大利文書	我想找意大利語書 wǒ xiǎng zhǎo yì dài lì yǔ shū
Può fare la sua richiesta qui	你可以喺呢度借書	你可以在這兒借書 nǐ kě yǐ zài zhèr jiè shū
Questi compiti sono per la settimana prossima	下星期交功課	下個星期交功課 xià ge xīng qī jiāo gōng kè
Lavoro in aula	堂課	堂課 táng kè
Compiti per casa	功課	功課 gōng kè

Italiano	廣東話	普通話
Lavoro ed esami 功課同考試 / 功課和考試		CH19_03
La data degli esami non è stata ancora fissata	考試日期仲未定	考試日期還沒有決定 kǎo shì rì qī hái méi yǒu jué dìng
L'esame sabato il prossimo	考試定咗喺下星期六	考試已定在下星期六舉行 kǎo shì yǐ dìng zài xià xīng qī liù jǔ xíng
L'aula n. 6 (sei)	六號演講廳	六號演講廳 liù hào yǎn jiǎng tīng
Ripassiamo insieme?	我哋一齊溫書囉！	我們一起複習吧！ wǒ men yī qí fù xí ba
Mangiare in mensa o a casa 喺飯堂或屋企食飯 / 在飯堂或家裏吃飯		CH19_04
Dove mangiamo? In mensa?	去邊度食晏？飯堂好唔好？	到哪兒去吃午餐？在飯堂好不好？ dào nár qù chī wǔ cān zài fàn táng hǎo bù hǎo
Che cosa vuoi mangiare?	你想食乜嘢？	你想吃甚麼？ nǐ xiǎng chī shén me
Quello che vuoi. Fa lo stesso	你話啦，我無所謂	隨你吧，我無所謂 suí nǐ ba wǒ wú suǒ wèi
Cuciniamo a casa mia?	(我哋)喺我屋企煮飯囉！	(我們)在我家做飯吧！ wǒ men zài wǒ jiā zuò fàn ba

Italiano	廣東話	普通話
Ordina prima, poi lo paghi alla cassa	叫咗嘢食先至畀錢	先 點 菜 後 付 款 xiān diǎn cài hòu fù kuǎn
È buonissimo !	好好味呀!	味 道 很 好 呀! wèi dào hěn hǎo ya
In aula 上堂 / 上課		CH19_05
Non ho le note	我無筆記	我 沒 有 筆 記 wǒ méi yǒu bǐ jì
Posso uscire un momento?	我可唔可以出一出去?	我 可 不 可 以 出 去 wǒ kě bù kě yǐ chū qù 一 會 兒? yī huìr
Posso andare via prima?	我可唔可以早啲走?	我 可 不 可 以 早 點 走? wǒ kě bù kě yǐ zǎo dianr zǒu
Non lo so	我唔知嗰	我 不 知 道 wǒ bù zhī dào
Mi vuoi prestare/passare il tuo vocabolario?	可唔可以借你本字典畀我?	可 不 可 以 把 你 的 字 kě bù kě yǐ bǎ nǐ de zì 典 借 給 我 ? diǎn jiè géi wǒ
Come si dice « … » in italiano/ in cinese?	意大利文 / 中文點講 "..."?	怎 樣 用 意 大 利 語 / zěn yàng yòng yì dài lì yǔ 中 文 説 "..."? zhōng wén shuō

Italiano	廣東話	普通話
Posso consegnare il lavoro domani?	我可唔可以聽日還番份功課畀你？	我可不可以明天才還你那份功課？ wǒ kě bù kě yǐ míng tiān cái huán nǐ nà fèn gōng kè
Te lo lascio nell'armadietto	我擺喺你 locker	我放在你的儲物箱 wǒ fàng zài nǐ de chǔ wù xiāng
Posso passare dal tuo ufficio per dartelo?	我可唔可以去你辦公室交畀你？	我可不可以到你的辦公室交給你？ wǒ kě bù kě yǐ dào nǐ de bàn gōng shì jiāo géi nǐ
Ti mando il file per email	我電郵個 file 畀你	我用電郵發那個檔案給你 wǒ yòng diàn yóu fā nà ge dǎng àn gěi nǐ
In ufficio 辦公室		CH19_06
Dov'è il tuo ufficio?	你辦公室喺邊？	你的辦公室在哪兒？ nǐ de bàn gōng shì zài nǎr
Sarai in ufficio questo pomeriggio?	你今日下晝會唔會喺辦公室？	你今天下午會不會在辦公室？ nǐ jīn tiān xià wǔ huì bù huì zài bàn gōng shì
Posso venire un po' più tardi?	我可唔可以遲啲到？	我可不可以晚一點兒才到？ wǒ kě bù kě yǐ wǎn yī diǎnr cái dào
Mi puoi prestare un video?	可唔可以借錄影帶畀我？	可不可以借錄影帶給我？ kě bù kě yǐ jiè lù yǐng dài gěi wǒ

Italiano	廣東話	普通話
Hai il CD per fare pratica di pronuncia?	你有無練發音嘅 CD ?	你 有 沒 有 練 習 發 音 的 光 碟？ nǐ yǒu méi yǒu liàn xí fā yīn de guāng dié
Qual'è il numero di telefono del tuo ufficio?	你辦公室幾多號電話？	你 辦 公 室 的 電 話 號 碼 是 多 少？ nǐ bàn gōng shì de diàn huà hào mǎ shì duō shǎo
Mi puoi aiutare con il mio lavoro?	我個 project 可唔可以搵你幫手 ？	我 的 課 題 研 究 可 不 可 以 找 你 幫 忙? wǒ de kè tí yán jiu kě bù kě yǐ zhǎo nǐ bāng máng
Ho un problema. Possiamo parlare?	我有個問題，可唔可以同你傾下？	我 有 個 問 題 ， 可 以 跟 你 談 談 嗎？ wǒ yǒu ge wèn tí kě yǐ gēn nǐ tán tan ma

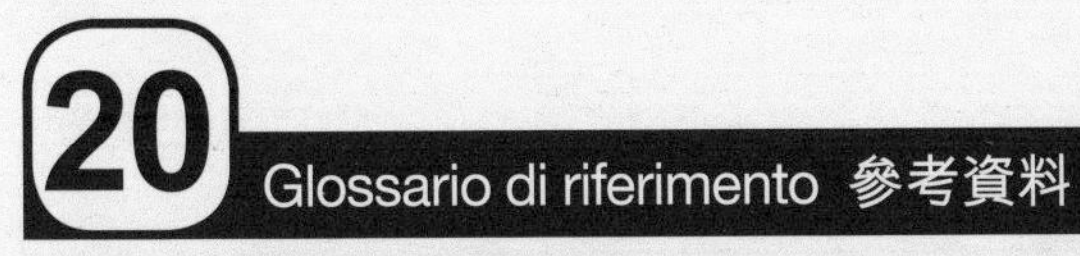

20 Glossario di riferimento 參考資料

Italiano	廣東話	普通話
Numeri 數字		CH20_01
Zero	零 / 0	零 líng
Uno	一 / 1	一 yī
Due	二 / 2	二 èr
Tre	三 / 3	三 sān
Quattro	四 / 4	四 sì
Cinque	五 / 5	五 wǔ
Sei	六 / 6	六 lìu
Sette	七 / 7	七 qī
Otto	八 / 8	八 bā
Nove	九 / 9	九 jǐu
Dieci	十 / 拾 / 10	十 / 拾 shí
Undici	十一 / 11	十 一 shí yī
Dodici	十二 / 12	十 二 shí èr

Italiano	廣東話	普通話
Tredici	十三 / 13	十 三 shí sān
Quattordici	十四 / 14	十 四 shí sì
Quindici	十五 / 15	十 五 shí wǔ
Sedici	十六 / 16	十 六 shí lìu
Dicissette	十七 / 17	十 七 shí qī
Diciotto	十八 / 18	十 八 shí bā
Diciannove	十九 / 19	十 九 shí jǐu
Venti	二十 / 20	二 十 èr shí
Ventuno	二十一 / 21	二 十 一 èr shí yī
Ventidue	二十二 / 22	二 十 二 èr shí èr
Ventitré	二十三 / 23	二 十 三 èr shí sān
Trenta	三十 / 30	三 十 sān shí
Quaranta	四十 / 40	四 十 sì shí
Cinquanta	五十 / 50	五 十 wǔ shí

Italiano	廣東話	普通話
Sessanta	六十 / 60	六 十 lìu shí
Settanta	七十 / 70	七 十 qī shí
Ottanta	八十 / 80	八 十 bā shí
Novanta	九十 / 90	九 十 jĭu shí
Cento	一百 / 100	一 百 yī bǎi
Duecento	二百 / 200	二 百 èr bǎi
Trecento	三百 / 300	三 百 sān bǎi
Mille	一千 / 1,000	一 千 yī qiān
Duemila	二千 / 2,000	二 千 èr qiān
Centomila	十萬 / 100,000	十 萬 shí wàn
Un milione	一百萬 / 1,000,000	一 百 萬 yī bǎi wàn
Un miliardo	十億 / 1,000,000,000	十 億 shí yì
Primo	第一	第 一 dì yī
Secondo	第二	第 二 dì èr

Italiano	廣東話	普通話
Terzo	第三	第 三 dì sān
Quarto	第四	第 四 dì sì
Quinto	第五	第 五 dì wǔ
Sesto	第六	第 六 dì lìu
Settimo	第七	第 七 dì qī
Ottavo	第八	第 八 dì bā
Nono	第九	第 九 dì jǐu
Decimo	第十	第 十 dì shí
Undicesimo	第十一	第 十 一 dì shí yī
Dodicesimo	第十二	第 十 二 dì shí èr
Settimana 星期		CH20_02
Lunedì	星期一	星 期 一 xīng qī yī
Martedì	星期二	星 期 二 xīng qī èr
Mercoledì	星期三	星 期 三 xīng qī sān

Italiano	廣東話	普通話
Giovedì	星期四	星期四 xīng qī sì
Venerdì	星期五	星期五 xīng qī wǔ
Sabato	星期六	星期六 xīng qī liù
Domenica	星期日	星期日 xīng qī rì
Mesi 月份		CH20_03
Gennaio	一月	一月 yī yuè
Febbraio	二月	二月 èr yuè
Marzo	三月	三月 sān yuè
Aprile	四月	四月 sì yuè
Maggio	五月	五月 wǔ yuè
Giugno	六月	六月 lìu yuè
Luglio	七月	七月 qī yuè
Agosto	八月	八月 bā yuè
Settembre	九月	九月 jǐu yuè
Ottobre	十月	十月 shí yuè

Italiano	廣東話	普通話
Novembre	十一月	十一月 shí yī yuè
Dicembre	十二月	十二月 shí èr yuè
Ora 時間		CH20_04
Che ora è?	宜家幾多點呀？	現在幾點？ xiàn zài jǐ diǎn
– Sono le sette	– 宜家七點	– 現在是七點 xiàn zài shì qī diǎn
– Sono le otto	– 宜家八點	– 現在是八點 xiàn zài shì bā diǎn
– Sono le tre	– 宜家三點	– 現在是三點 xiàn zài shì sān diǎn
– Sono le dieci	– 宜家十點	– 現在是十點 xiàn zài shì shí diǎn
– Sono le sette e un quarto	– 宜家七點三	– 現在是七點十五分 xiàn zài shì qī diǎn shí wǔ fēn
– Sono le sette e mezza	– 宜家七點半	– 現在是七點三十分 xiàn zài shì qī diǎn sān shí fēn
– Sono le tre meno un quarto	– 宜家兩點九	– 現在是兩點四十五分 xiàn zài shì liǎng diǎn sì shí wǔ fēn
– Sono le sei meno cinque	– 宜家五點搭十一/五點五十五分	– 現在是五點五十五分 xiàn zài shì wǔ diǎn wǔ shí wǔ fēn
A che ora partiamo?	我哋幾多點走呀？	我們甚麼時候離開？ wǒ men shén me shí hòu lí kāi

Italiano	廣東話	普通話
A che ora arriva il treno?	架火車幾點到呀？	火車甚麼時候到達？ huǒ chē shén me shí hòu dào dá
– Alle nove di mattina	– 朝早九點	– 早上九點 zǎo shàng jǐu diǎn
– All'una	– 一點	– 一點鐘 yī diǎn zhōng
– Alle sei	– 六點	– 六點 lìu diǎn
– Fra dieci minuti	– 十分鐘內	– 十分鐘內 shí fēn zhōng nèi
– Fra mezz'ora	– 半個鐘頭內	– 三十分鐘內 sān shí fēn zhōng nèi
– Fra un'ora	– 一個鐘頭內	– 一小時內 yī xiǎo shí nèi
Secondo/i [sing/pl]	秒	秒 miǎo
Minuto/i [sing/pl]	分	分 fēn
Ora/e [sing/pl]	時	時 shí
Giorno/i [sing/pl]	日	日 rì
Settimana/e [sing/pl]	星期	星期 xīng qī
Mese/i [sing/pl]	月	月 yuè
Anno/i [sing/pl]	年	年 nián
Di mattina	朝頭早	早上 zǎo shàng

Italiano	廣東話	普通話
Ogni giorno di mattina	每朝	每天早上 měi tian zǎo shàng
Pomeriggio	下晝	下午 xià wǔ
Ogni giorno di pomeriggio	每日下晝	每天下午 měi tiān xià wǔ
Di sera	夜晚	晚上 wǎn shàng
Stasera	今晚	今天晚上 jīn tiān wǎn shàng
Ogni giorno di sera	每晚	每天晚上 měi tiān wǎn shàng
Mezzogiorno	正午	正午 zhèng wǔ
A mezzogiorno	喺正午	在正午 zài zhèng wǔ
Di notte	喺午夜	在午夜 zài wǔ yè
Adesso	宜家	現在 xiàn zài
Oggi	今日	今天 jīn tiān
Domani	聽日	明天 míng tiān
– Domani mattina	– 聽朝	– 明天早上 míng tiān zǎo shàng
– Domani pomeriggio	– 聽日下晝	– 明天下午 míng tiān xià wǔ
– Domani sera	– 聽晚	– 明天晚上 míng tiān wǎn shàng

Italiano	廣東話	普通話
Ieri	尋日	昨天 zuó tiān
– Ieri mattina	– 尋日朝早	– 昨天早上 zuó tiān zǎo shàng
– Ieri pomeriggio	– 尋日下晝	– 昨天下午 zuó tiān xià wǔ
– Ieri sera	– 尋晚	– 昨天晚上 zuó tiān wǎn shàng
Dopodomani	後日	後天 hòu tiān
L'altro ieri	前日	前天 qián tiān
La settimana prossima	下個禮拜	下個星期 xià ge xīng qī
Il mese scorso	上個月	上個月 shàng ge yuè
Un anno	一年	一年 yī nián
L'anno scorso	上年	去年 qù nián
L'anno prossimo	下年	明年 míng nián
Buon anno!	新年快樂	新年快樂 xīn nián kuài lè
Millenovecentonovantotto	一九九八年	一九九八年 yī jǐu jǐu bā nián
Duemilanove	二零零九年	二零零九年 èr líng líng jiǔ nián

Italiano	廣東話	普通話
17 marzo 1861	一八六一年三月十七日	一 八 六 一 年 三 月 yī bā liù yī nián sān yuè 十 七 日 shí qī rì
Compleanno	生日	生 日 shēng rì
Vacanza	假期	假 期 jià qī
Festa nazionale	公眾假期	公 眾 假 期 gōng zhòng jià qī
Stagioni e tempo 季節和天氣		CH20_05
Stagione delle pioggie	雨季	雨 季 yǔ jì
Inverno	冬天	冬 天 dōng tiān
Primavera	春天	春 天 chūn tiān
Estate	夏天	夏 天 xià tiān
Autunno	秋天	秋 天 qīu tiān
Stagione secca	旱季	旱 季 hàn jì
Monsoni	季候風	季 候 風 jì hòu fēng
Fa caldo	天氣好熱	天 氣 很 熱 tiān qì hěn rè

Italiano	廣東話	普通話
Fa freddo	天氣好凍	天 氣 很 冷 tiān qì hěn lěng
È fresco	好涼爽	很 涼 爽 hěn liáng shuǎng
È allagato	水浸	水 浸 shuǐ jìn
Piove	落雨	下 雨 xià yǔ
Il tempo è ottimo	天氣好好	天 氣 很 好 tiān qì hěn hǎo
Piove molto forte	落好大雨	下 大 雨 xià dà yǔ
È molto tardi	好夜喇	很 晚 了 hěn wǎn le
Il cielo è nero	天都黑喇	天 黑 了 tiān hēi le
Il tempo è già fresco	天光喇	天 亮 了 tiān liàng le
C'è un tifone	打風	刮 颱 風 guā tái fēng
Colori 顏色		CH20_06
argentato (m) /a (f)	銀色	銀 色 yín sè
blu	藍色	藍 色 lán sè
rosso (m) /a (f)	紅色	紅 色 hóng sè

Italiano	廣東話	普通話
verde	綠色	綠 色 lǜ sè
giallo (m) /a (f)	黃色	黃 色 huáng sè
marrone	啡色	咖 啡 色 kā fēi sè
nero (m) /a (f)	黑色	黑 色 hēi sè
dorato (m) /a (f)	金色	金 色 jīn sè
bianco (m) /a (f)	白色	白 色 bái sè
arancione	橙色	橙 色 chéng sè
viola	紫色	紫 色 zǐ sè
rosa	粉紅色	粉 紅 色 fěn hóng sè
beige	米白色	米 白 色 mǐ bái sè
grigio (m) /a (f)	灰色	灰 色 huī sè